Pierre Bertaux

Gar schöne Spiele spiel' ich mit dir!

Zu Goethes Spieltrieb

Insel Verlag

Zweite Auflage 1987
© Insel Verlag Frankfurt am Main 1986
Alle Rechte vorbehalten
Satz: Fotosatz Otto Gutfreund, Darmstadt
Druck: Thiele & Schwarz, Kassel
Printed in Germany

Es war ein Spiel! Was sollt' es anders sein?
Was ist nicht Spiel, das wir auf Erden treiben,
Und schien es noch so groß und tief zu sein!
Mit wilden Söldnerscharen spielt der eine,
Ein andrer spielt mit tollen Abergläubischen.
Vielleicht mit Sonnen, Sternen irgend wer, –
Mit Menschenseelen spiele ich. Ein Sinn
Wird nur von dem gefunden, der ihn sucht.
Es fließen ineinander Traum und Wachen,
Wahrheit und Lüge. Sicherheit ist nirgends.
Wir wissen nichts von andern, nichts von uns;
Wir spielen immer, wer es weiß, ist klug.

Arthur Schnitzler, *Paracelsus* (1897)

Inhalt

Einleitung 9

   I. Spiele im Leben 16

  II. Die erotischen Spiele 69

 III. Goethe, der Naturforscher 114

 IV. Divertimenti, Possen, Satiren,
Maskenzüge 132

  V. Die *Italienische Reise* 154

 VI. Die *Kampagne in Frankreich* 184

 VII. *Wilhelm Meister* 199

VIII. *Alexis und Dora*; *West-östlicher Divan* . . 204

 IX. *Faust I, Faust II* 216

Einleitung

»... und du und Schiller Ihr seid hernach Classi-
sche Schrieftsteller – wie Horatz Lifius Ovid u. wie
sie alle heißen... was werden alsdann die Profesoren Euch zergliedern – auslegen – und der Jugend
einpleuen.«

Dies schrieb Goethes Mutter, Catharina Elisa-
betha Goethe, geborene Textor, an ihren Sohn »als
am heiligen Christtag«, den 25. Dezember 1807.

Seitdem sind bald hundertachtzig Jahre verflossen. Wenn auch Goethe der deutschen Jugend nicht
mehr »eingepleut« wird, so haben immerhin fast
zwei Jahrhunderte lang viele Generationen von
»Profesoren« Goethes Schriften und Lebensum-
stände zergliedert und ausgelegt. Wie könnte man
da noch erwarten, neuartige Einsichten über Goethe als Person, als Forscher, als Dichter zu gewinnen? Sind ja die Silbergruben Ilmenaus längst nicht
mehr fündig, wie Goethe enttäuscht feststellen
mußte, so tief man auch schürft.

Doch ist dies nur ein Vergleich. Die Analogie ist
kaum treffend.

Eine andere Analogie öffnet ganz andere Perspek-
tiven. Seit vielen Jahrtausenden hat der *homo sapiens*
den Mond beobachtet, und die ältesten Schriftzei-
chen, gewisse Monumente der Steinzeit, entspre-
chen wahrscheinlich einem archaischen Mondka-
lender. Ja, aber bis vor kurzem, bis vor ein paar

Jahren, haben wir nur die eine Seite des Mondes gekannt, die er der Erde zeigt. Von der anderen Seite hatten wir keine Vorstellung. Die Kehrseite des Mondes, sein *latus absconditum*, kennen wir erst, seitdem sie von einem Satelliten aus fotografiert wurde.

Es läßt sich behaupten, daß es auch im Falle Goethes ein *latus absconditum* gibt, dem man bis jetzt keine Aufmerksamkeit geschenkt hat. Diese »unbekannte Seite« Goethes läßt sich mit einem Wort bezeichnen: dem Wort *Spiel*.

Goethes Spielen, seine Spiele, Goethe als Spielender sowohl im Leben als in seinen Schriften, das ist ein weites, heute noch unerforschtes Feld. Doch ist man einmal darauf aufmerksam gemacht worden, daß es sich beim Lesen Goethescher Texte nicht zuletzt um ein Spiel handelt, bietet das Spielen keine besondere Schwierigkeit.

Die Frage, wieso es denn möglich gewesen sei, daß man diese Seite von Goethes Wesen so lange verkannt habe, will ich auf sich beruhen lassen. Tatsache aber ist, daß, als Hans Mayer 1967 die zwanzig besten Aufsätze des Jahrhunderts über Goethe in einem Sammelband veröffentlichte – von Thomas Mann und Ernst Bloch bis zu Gottfried Benn und Werner Heisenberg –, auf 440 Seiten auch nicht eine Andeutung auf Goethes Art zu spielen zu finden war. Alle haben Goethe ernst, und nur ernst, genommen: tief ernst, tierisch ernst. Nur ein einziges Mal und bei anderer Gelegenheit hat Hans Mayer von Goethes »*fast* spielerischer Art« gespro-

chen: er war der richtigen Erkenntnis ganz nahe,
doch weiter reichte er nicht.

In seinem 1982 erschienenen Buch *Goethe und die
Deutschen* geht Wolfgang Leppmann dem Nachruhm
des Dichters »im Wandel der Zeit und der Weltan-
schauungen« nach: zwei Jahrhunderte deutscher
Goethe-Rezeption, von Friedrichs des Großen Ab-
handlung *De la littérature allemande* (1780), in der
Goethes *Götz von Berlichingen* als »abscheuliche
Nachahmung« der »nichtswürdigen« Shakespeare-
schen Dramen abgetan wird, bis zu Friedenthals
Goethe-Biographie (1963) und Hans Mayers Quasi-
Biographie werden besichtigt. In dreißigjähriger
Arbeit hat Leppmann die Veränderungen des deutschen Goethe-Bildes in rund 1 200 Büchern und
Abhandlungen untersucht. Er berichtet ausführlich
darüber. In seinem 300 Seiten umfassenden Buch
kommt m. W. das Wort *Spiel* ein einziges Mal vor,
und zwar in einem bedeutungslosen Zusammenhang. Der Engländer Barker Fairley (1947) stellt
fest, Goethe habe zu keiner Zeit seines Lebens in
täglichem Umgang mit Kindern gelebt (dies war zu
seiner Zeit immer so in der guten Gesellschaft),
»obschon es ihm in jüngeren Jahren Freude bereitete, mit ihnen zu spielen«. Sonst nichts über Goethes
Spiele. Ein paar Zeilen weiter wird übrigens Heinrich Meyer (1949) zitiert, der feststellt, Goethe habe
»gar keinen Sinn für Humor« besessen!

An diesem tiefen Mißverständnis ist Goethe selbst
nicht unschuldig: hat er doch in Weimar die Komö-

die des Olympiers gespielt, um sich die Leute, die
»guten Leutchen«, drei Schritt vom Leib zu halten,
und mit Recht. Sonst tun sie bald vertraut und
werden frech. Die allerwenigsten seiner Zeitgenossen sind dahintergekommen; Eckermann sicherlich
nicht.

Allerdings nimmt sich unsere bourgeoise Gesellschaft furchtbar ernst (mit der proletarischen Kultur ist es noch schlimmer), und sie besteht darauf,
daß man sie ernst nehme. Man hört immer wieder
sagen, das, was ernst sei, könne kein Spiel sein,
und was Spiel sei, könne weder ernst gemeint
noch ernstgenommen werden. Das Begriffspaar
Spiel/Ernst wird als ein Gegensatz zwischen Positi-
vem und Negativem empfunden. Dem ist aber nicht
so.

In seinem *Homo Ludens* (1938) hatte Johan Huizinga den Mut, das angebliche Begriffspaar als eine
falsche Symmetrie zu denunzieren: Spiel sei keineswegs das Gegenteil von Ernst. Dem spielenden
Kind und dem Spieler in Monte Carlo sind ihre
Spiele das Allerernsteste, was es gibt. Umgekehrt
ist der »Ernst«, den manche Leute zur Schau
tragen, eine Maske; nichts als Komödie. Wohl erwarten sie es, »ernst«genommen zu werden, und
wer ihre ernste Miene als »gespielten Ernst« ent-
larvt, gilt als Spielverderber.

Huizinga hätte sich auf Goethe berufen können.
In einem am 17. März 1832, also fünf Tage vor
seinem Tod, diktierten Brief an Wilhelm von Hum-

boldt kam Goethe auf die sechzigjährige Arbeit am
Faust zurück. Der Faust: »dieses seltsame Gebäu«,
diese »sehr ernsten Scherze«. Das Oxymoron »ernste Scherze«, oder »Scherz und Ernst«, kommt aber
sowohl in Goethes Dichtung als in seinen kritischen
und wissenschaftlichen Schriften und in seinen
Briefen immer wieder vor; es darf als Leitmotiv
Goethes gelten.

Ihm wäre der großartige Gedanke Arthur Schnitz-
lers am Ende des *Paracelsus* nicht fremd gewesen:

> Was ist nicht Spiel, das wir auf Erden treiben,
> Und schien es noch so groß und tief zu sein! [. . .]
> Wir spielen immer, wer es weiß, ist klug.

Müssen denn die Adelsbriefe des Spielens und des
Spieltriebs noch hervorgeholt werden?

Vielleicht genügt es in unserem Zusammenhang
zu sagen, daß der Spieltrieb der alten Griechen, der
Vorsokratiker, die Wurzel ist, aus der die ganze
moderne Wissenschaft, also die heutige Kultur,
hervorgegangen ist. Was sind die sogenannten »Naturgesetze« anderes als die Spielregeln des Weltge-
schehens?

Und in unseren Tagen, 1975, hat Chemie-Nobel-
preisträger Manfred Eigen, Spezialist der Selbst-
organisation der Materie und der Evolution des
Lebens, zur Darstellung der Molekulartheorie der
biologischen Evolution kein besseres Modell gefunden als ... Spiele. »Alles Geschehen in unserer

Welt«, sagt Manfred Eigen, »gleicht einem großen Spiel, in dem von vornherein nichts als die Regeln festliegen. [...] Wir sehen das Spiel als das Naturphänomen, das in seiner Dichotomie von Zufall und Notwendigkeit allem Geschehen zugrunde liegt.« Sein Schlußwort entspricht genau dem Gedanken, den ich den Ioniern zuschreibe: »Der Mensch ist Teilnehmer an einem großen Spiel, dessen Ausgang für ihn offen ist. Er muß seine Fähigkeiten voll entfalten, um sich als Spieler zu behaupten und nicht Spielball des Zufalls zu werden.« (Manfred Eigen/Ruthild Winkler, *Das Spiel, Naturgesetze steuern den Zufall*, München 1975.)

Nun aber: irgendwo in der geistigen Stammlinie, die von Heraklit bis zum Nobelpreisträger führt, steht der Naturforscher Goethe. Auch er hat das Erforschen als ein hohes Spiel verstanden, das die Natur ihrem Partner, dem forschenden Geist, mit ihr zu spielen anbietet.

Man vergesse auch nicht, daß Dichtkunst als Spiel, als geweihtes Spiel entstanden ist und sich »auf der Grenze von Ausgelassenheit, Scherz und Belustigung« (Huizinga) entwickelt hat. Schon bei Platon war im *Phaidros* die dichterische Inspiration vor allem auf »halb unbewußte, spielerisch-assoziative Wortinspiration« bezogen. Der *West-östliche Divan* entspricht genau der Definition eines hohen Spiels mit Bildern, Rhythmen, Worten.

Wir wollen einigen Äußerungen von Goethes Spieltrieb in seinem Leben, in seiner Forschung und in
seinem Werk nachgehen. Übrigens ist das Wort
Spieltrieb hier keineswegs anachronistisch: Das
Wort hat Goethe selbst gebraucht, so in einem
Gespräch mit Riemer (20.2.09): »Der Witz gehört
unter den Spieltrieb. Das Spiel offenbart die große
Freiheit des Geistes. Das Spiel will nicht die Realität, sondern den Schein. Der Schein ist mit der Idee
nahe verwandt. Er ist gleichsam das Bild, das
Gemälde von der Idee. Ja er ist die Idee selbst mit
dem Minimo von Realität verkörpert oder daran
offenbart.«

Gar schöne Spiele spielt er mit uns: Wollen wir
Goethes Aufforderung Folge leisten und mit ihm
spielen?

I. Spiele im Leben

»In meiner besten Zeit sagten mir öfters Freunde, die mich freilich kennen mußten, was ich lebte, sei besser, als was ich spreche, dieses besser, als was ich schreibe, und das Geschriebene besser als das Gedruckte.«

Dieser Satz »gelassen beobachtender Freunde«, wie er sie auch bezeichnet, weist darauf hin, daß Goethes Leben zuzusehen schon in den Augen seiner Zeitgenossen ein spannendes Schauspiel gewesen sei; eigentlich spannender als alles, was er in seinen Gesprächen auszusagen, in seinen Briefen zu schreiben, in seinen gedruckten Werken mitzuteilen vermochte.

Bei dem Versuch einer Darstellung von Goethes Spieltrieb ist es wohl ratsam, zunächst den Äußerungen dieses Triebes in seinem Leben nachzugehen. Dazu liefert er selbst reiches und brauchbares Material.

Doch der Gebrauch dieses Materials ist nicht unverfänglich: schon in der Art, wie er mit den Erinnerungen umgeht, muß der spielerischen Komponente seiner Darstellungsart Rechnung getragen werden. Zur »Wahrheit« kommt einige »Dichtung« hinzu.

Doch dient das Erdichtete weniger zu Schönfärberei als zu einem Spiel mit dem Leser, der hinter dem Gesagten das Nichtgesagte zu erraten hat.

Als Vorwort zu seiner Autobiographie, die zuerst den Titel *Aus meinem Leben, Wahrheit und Dichtung* trug, aus dem wohl aus euphonischen Gründen später der mißleitende Titel *Dichtung und Wahrheit* wurde, schickt er einen fingierten, von ihm selbst verfaßten Brief eines Freundes voraus, in dem er sein Leben als ein Rätsel darstellt, das er seine Freunde zu erraten auffordert: Herr Geheimrat, wer sind Sie eigentlich? »Ihre Freunde haben indessen die Nachforschung nicht aufgegeben und suchen, als näher bekannt mit Ihrer Lebens- und Denkweise, manches Rätsel zu erraten, manches Problem aufzulösen; ja sie finden [...] selbst in den vorkommenden Schwierigkeiten einigen Reiz. Doch würde uns hie und da eine Nachhülfe nicht unangenehm sein.«

Diese »Nachhülfe« gibt Goethe gern, aber er gibt sie nicht umsonst. Der Leser muß sich schon etwas bemühen.

Einer, dem es daran liegt, auf Goethes »Spiel mit dem Leser« einzugehen – der Leser, für den Goethe schrieb –, muß wissen, daß es bei diesem Spiel wie bei allen Spielen zugeht.

Erstens muß der Leser am Spiel, an *diesem* Spiel Lust haben; wenn nicht, dann nicht, und es muß nicht unbedingt sein, daß man daran Lust hat. Zweitens hat er, wie bei jedem Spiel, sich darauf einzustellen, nicht nur auf das Gesagte als Informationsgehalt, sondern auch auf die Geste des Spielpartners (Goethe!) aufmerksam zu sein, um seiner heimlichen Absicht auf die Spur zu kommen. Drittens reicht eine erste Lektüre nicht aus: Goethes Texte sind kein sich in der zeitlichen Dimension linear abwickelnder Prozeß. Meistens sind die »Schlüssel« vorverlegt und sind erst im Zusammenhang mit dem Ganzen als solche zu erkennen.

Wie alle Spiele ist dieses »Spielen mit Goethe« im Prinzip sehr einfach, verlangt jedoch eine gewisse Aufmerksamkeit und etwas Übung. Aber dann ist es, wie Hugo von Hofmannsthal bemerkte, »beinahe gleichgültig, welches von Goethes Werken [der Leser] aufschlägt: überall, [...] hinter jeder Zeile fühlt er den Bezug«.

Goethes Erwartung, sein Anspruch an den Leser ist nicht gering. Er sagte: »Meine Sachen können nicht populär werden [...]. Sie sind nicht für die Masse geschrieben, sondern für einzelne Menschen, die etwas Ähnliches wollen und suchen«, für diejenigen, die mit ihm spielen wollen.

Das Lesen als Spiel, oder – wie es heute heißt – als Denksport? Warum nicht? Ein Sport, der wie jeder Sport zu erlernen ist, aber schon bei den ersten Schritten, wenn man noch lange kein Meister ist, Freude macht.

Seinem Freund Soret sagte Goethe, zwei Jahre vor seinem Tode, am 1. Januar 1830: »Die guten Leutchen haben keine Ahnung, wieviel Zeit und Mühe es kostet, lesen zu lernen und mit Verstand zu lesen; *ich* habe achtzig Jahre dazu gebraucht.« Aber man braucht keine achtzig Jahre, um Goethe lesen zu lernen und sich daran zu ergötzen.

Im eben erwähnten Vorwort zur Autobiographie stellt es Goethe dem Leser anheim, seine Schriften als eine Reihe von Rätseln aufzufassen. Die Schlüssel muß man sich selbst suchen. Wie der delphische Gott Heraklits: »Nicht redet er, nicht verhüllt er, er deutet an.«

Daß Wolfgang Goethe als Kind viel und gern gespielt hat, ist nichts Außergewöhnliches. Darin ist er jedem anderen Kind ähnlich. Auffallender ist schon, daß ein älterer Mann – die ersten Bücher von *Dichtung und Wahrheit* diktierte er mit sechzig Jahren – sich an seine Kinderspiele so genau erinnert, daß er über sie so ausführlich und mit sichtbarer Freude berichtet. Ihm sind sie von Bedeutung. Die Veranlagung hatte er nicht von dem sauertöpfischen Vater, sondern von der Mutter geerbt. Daß Elisabeth, geborene Textor, ein heiteres Temperament und viel Humor besaß, ist aus ihren Briefen wie aus den Berichten von Bettina Brentano ersichtlich: eine Veranlagung, die auch im hohen Alter nicht nachließ.

Sie war vierundsiebzig, als ihr Wolfgang seinen Sohn August auf ein paar Tage nach Frankfurt schickte. Am Tage nach der Ankunft meldete der Enkel seinem in Weimar gebliebenen Vater: »Heute werde ich mit der lieben Großmutter in die Pagenstreiche gehen.« Pagenstreich, das heißt Dummerjungenstreich.

Zwei Jahre später, mit sechsundsiebzig, schreibt

sie, daß »vielleicht keine Sechs sind, die das lebendige Gefühl für das Schöne haben wie ich, und die sich so köstlich amüsieren«. »Das Schöne« hat hier nicht ästhetischen Wert. Der Ausdruck bedeutet »das Schöne am Leben«, das, woran man Freude hat.

Die Mutter ist es auch, die ihm den Bericht seiner ersten »Eulenspiegelei« durch die Vermittlung von Bettina Brentano liefert; ein Streich, an den er sich wohl selbst kaum noch erinnert haben wird.

»Es war eben Topfmarkt gewesen, und man hatte nicht allein die Küche für die nächste Zeit mit solchen Waren versorgt, sondern auch uns Kindern dergleichen Geschirr im Kleinen zu spielender Beschäftigung eingekauft. An einem schönen Nachmittag, da Alles ruhig im Hause war, trieb ich im Geräms mit meinen Schüsseln und Töpfen mein Wesen, und da weiter nichts dabei herauskommen wollte, warf ich ein Geschirr auf die Straße und freute mich, daß es so lustig zerbrach. Die von Ochsenstein, welche sahen, wie ich mich daran ergötzte, daß ich sogar fröhlich in die Händchen patschte, riefen: Noch mehr! Ich säumte nicht, sogleich einen Topf und, auf immer fortwährendes Rufen: Noch mehr! nach und nach sämtliche Schüsselchen, Tiegelchen, Kännchen gegen das Pflaster zu schleudern. Meine Nachbarn fuhren fort, ihren Beifall zu bezeigen, und ich war höchlich froh, ihnen Vergnügen zu machen. Mein Vorrat aber war aufgezehrt, und sie riefen immer: Noch mehr! Ich eilte daher stracks in die Küche und holte die irdenen Teller, welche nun freilich im Zerbrechen noch ein lustigeres Schauspiel gaben; und so lief ich hin und wider, brachte einen Teller nach dem anderen, wie ich sie auf dem Topfbrett der Reihe nach erreichen konnte, und weil sich jene gar nicht zufrieden gaben, so stürzte ich Alles, was ich von Geschirr erschleppen konnte, in gleiches Verderben. Nur später erschien Jemand, zu hindern und zu wehren. Das Unglück war geschehen, und man hatte für so viel zerbrochene Töpferware wenigstens eine lustige Geschichte, an der sich besonders die schalkischen Urheber bis an ihr Lebensende ergötzten.«

Man weiß, daß Freud diese Szene psychoanalytisch zu deuten versuchte, mit welchem Erfolg auch immer.

Im »alten, winkelhaften, an vielen Stellen düsteren«, ungemütlichen Hause am Hirschgraben, wo man aber weder Graben noch Hirsche sah, befand sich im zweiten Stock ein Zimmer, das man das Gartenzimmer nannte, weil man durch einige Gewächse vor dem Fenster den Mangel eines eigenen Gartens zu ersetzen gesucht hatte. Vom Fenster sah Wolfgang die Nachbarn in ihren Gärten wandeln, die Kinder spielen, die Gesellschaften sich ergötzen, er hörte die Kegelkugeln rollen und sah die Kegel fallen. Dieses Nicht-mitspielen-Können erregte frühzeitig in ihm ein Gefühl der Einsamkeit, des Ausgeschlossenseins, das er sein Leben lang ohne wirklichen Erfolg zu kompensieren suchte.

Auf seine unbeholfene Art spielt auch der Vater, indem er, der »überhaupt lehrhafter Natur war«, um den Kindern die Furcht zu benehmen, nächtens bei den Kindern im umgewandten Schlafrock als Gespenst verkleidet erschien und sie erschreckte. Hat vielleicht diese Erinnerung hintergründig mitgespielt, als Goethe die Szene des *Wilhelm Meister* verfaßte, in der Wilhelm, der auf der Bühne die Rolle des Hamlet spielt, ein »Geist« entgegentritt, der wohl bloß die Worte Shakespeares spricht: »Ich bin der Geist deines Vaters«, dessen Stimme aber Wilhelm an die Stimme des eigenen Vaters erinnert?

Gewöhnlich hielten sich die beiden Kinder, Wolfgang und die ein Jahr jüngere Schwester Cornelia, in allen ihren Freistunden im geräumigen Wohnzimmer der Großmutter auf, wo sie hinlänglich Platz zu ihren Spielen fanden. »Diese schöne, hagere, sanfte, freundliche und wohlwollende Frau«, die Mutter des Vaters, schien an ihren Spielen Freude zu finden und sie zu ermutigen: »Wir pflegten unsere Spiele bis an ihren Sessel, ja, wenn sie krank war, bis an ihr Bett hin auszudehnen.«

»An einem Weihnachtsabende jedoch setzte sie allen ihren Wohltaten die Krone auf, indem sie uns ein Puppenspiel vorstellen ließ und so in dem alten Hause eine neue Welt erschuf. Dieses unerwartete Schauspiel zog die jungen Gemüter mit Gewalt an sich; besonders auf den Knaben machte es einen sehr starken Eindruck, der in eine große, langdauernde Wirkung nachklang.«

Das dargestellte Puppenspiel: *David und Goliath*.
Eines der Puppenspiele, die Goethe in seiner
Jugend sah, soll das Faustdrama gewesen sein. »Die
bedeutende Puppenspielfabel [...] klang und summ-
te gar vieltönig in mir wieder.« Der Stoff prägte sich
dem Kind ein; er begleitete den Jüngling, den reifen
Mann, den Greis bis zum Vorabend des Todes.
(Dabei bin ich der Meinung Wilhelms Böhms, der
davor warnte, in Faust »Goethes *alter ego*« zu erblik-
ken; er identifiziert sich keineswegs mit seinem
Helden, sondern gibt in ihm – wie übrigens im
Werther und selbst im Wilhelm Meister – »das
warnende Beispiel eines lebensunfähigen Menschen«.)

Daß für das Kind Wolfgang das Erlebnis mit dem
Puppentheater entscheidend gewesen sei, davon
zeugt die Tatsache, daß nicht nur in *Dichtung und
Wahrheit* darüber ausführlich berichtet wird, son-
dern die ersten acht Kapitel des frühen *Wilhelm
Meister*, der *Theatralischen Sendung*, dem Puppenspiel
als Grunderlebnis gewidmet sind.
Kennzeichnend ist, daß das Kind dabei eine
»Wollust des Aufmerkens und Forschens« spürt. Es
will wissen, wie das zugeht. Es will hinter die
Kulissen schauen, schleicht sich ein nach der Vor-
stellung. Kaum ist der Vorhang gefallen, hebt er den
Teppich auf und erblickt die Puppen, wie sie in eine
Kiste geräumt werden, der Saul mit dem Goliath,
die Neger mit den Zwergen.

Zu diesem primären Erlebnis mit dem Puppentheater gesellt sich ein zweites, das auch mit »Puppen«
zu tun hat und nicht weniger wichtig ist, und zwar
die Zucht von Seidenraupen.

»Eine besondere Liebhaberei meines Vaters
machte uns Kindern viel Unbequemlichkeit. Es war
nämlich die Seidenzucht. [...] Einige Bekannt-
schaften in Hanau, wo man die Zucht der Würmer
sehr sorgfältig betrieb, gaben ihm die nächste Ver-
anlassung. Von dorther wurden ihm zu rechter Zeit
die Eier gesendet; und sobald die Maulbeerbäume
genugsames Laub zeigten, ließ man sie ausschlüpfen
und wartete der kaum sichtbaren Geschöpfe mit
großer Sorgfalt. In einem Mansardenzimmer waren
Tische und Gestelle mit Brettern aufgeschlagen,
um ihnen mehr Raum und Unterhalt zu bereiten:
denn sie wuchsen schnell und waren nach der
letzten Häutung so heißhungrig, daß man kaum
Blätter genug herbeischaffen konnte, sie zu nähren;
ja sie mußten Tag und Nacht gefüttert werden, weil
eben Alles darauf ankommt, daß sie der Nahrung ja
nicht zu einer Zeit ermangeln, wo die große und
wundersame Veränderung in ihnen vorgehen soll.
War die Witterung günstig, so konnte man freilich
dieses Geschäft als eine lustige Unterhaltung ansehen; trat aber Kälte ein, daß die Maulbeerbäume
litten, so machte es große Not. Noch unangenehmer
aber war es, wenn in der letzten Epoche Regen
einfiel: denn diese Geschöpfe können die Feuchtig-
keit gar nicht vertragen; und so mußten die benetz-
ten Blätter sorgfältig abgewischt und getrocknet

werden, welches denn doch nicht immer so genau geschehen konnte, und aus dieser oder vielleicht auch einer anderen Ursache kamen mancherlei Krankheiten unter die Herde, wodurch die armen Kreaturen zu Tausenden hingerafft wurden. Die daraus entstehende Fäulnis erregte einen wirklich pestartigen Geruch, und da man die Toten und Kranken wegschaffen und von den Gesunden absondern mußte, um nur einige zu retten, so war es in der Tat ein äußerst beschwerliches und widerliches Geschäft, das uns Kindern manche böse Stunde verursachte.«

Die monatelang andauernde Wartung von Seidenwürmern bot dem Kind die Gelegenheit, die »große und wundersame Veränderung« dieser kleinen Wesen vom Ei zum Wurm, von da zur Puppe und schließlich zum Schmetterling, zu beobachten.

Als Fünfzigjähriger notiert er in seinem Heft zum Jahre 1802: »Die Wolfsmilchraupe war dieses Jahr häufig und kräftig ausgebildet; an vielen Exemplaren studierte ich das Wachstum bis zu dessen Gipfel, so wie den Übergang zur Puppe. Auch hier ward ich manche triviale Vorstellungen und Begriffe los.«

Johannes Falk berichtet, wie er im Sommer 1809 Goethe bei mildem Wetter in seinem Garten sitzend fand. Neben einem Glas mit einer Schlange, deren Häutung Goethe beobachtete, lagen einige Kokons (Puppen) von eingesponnenen Raupen, deren Ausschlüpfen Goethe nächstens erwartete. Er nahm sie in die Hand und hielt sie an sein Ohr: »Wie das klopft, wie das hüpft und ins Leben hinauswill! Wundervoll möcht' ich sie nennen, diese Übergänge der Natur, wenn nicht das Wunderbare in der Natur eben das Allgewöhnliche wäre!«

Die alten Griechen weiß Goethe zu loben, »weil es ihnen glückte, den Raupen- und Puppenzustand ihrer Vorgänger zur hochbewegten Psyche hervorzuheben«.

Im Erlebnis des Kindes mit der Zucht von Seidenraupen ist die Anschauung des späteren Naturforschers Goethe *in nuce* enthalten. Seinem Essay über Morphologie oder vergleichende Gestaltlehre gibt er den Untertitel: *Bildung und Umbildung organischer Naturen*. Als Motto steht der Vers Hiobs: »Siehe, er geht vor mir über, ehe ich's gewahr werde, und verwandelt sich, ehe ich's merke.«

Dann sagt er: »Betrachten wir [...] alle Gestalten, besonders die organischen, so finden wir, daß nirgends ein Bestehendes, nirgends ein Ruhendes, ein Abgeschlossenes vorkommt, sondern daß vielmehr Alles in einer steten Bewegung schwanke. [...] Das Gebildete wird sogleich wieder umgebildet, und wir haben uns [...] selbst so beweglich und bildsam zu erhalten, nach dem Beispiele, mit dem [die Natur] uns vorgeht.« Weiter heißt es: »Der Lebenslauf [der] Geschöpfe ist ein fortwährendes Umbilden, mit den Augen zu sehen und mit den Händen zu greifen. Meine frühere aus mehrjähriger Erziehung der Seidenwürmer geschöpfte Kenntnis war mir geblieben; ich erweiterte sie, indem ich mehrere Gattungen und Arten vom Ei bis zum Schmetterling beobachtete und abbilden ließ.«

Hinter dem berühmten »Stirb und werde!« des *West-östlichen Divan* steht nicht nur eine literarisch-poetische Reminiszenz, eine Anspielung auf das beim persischen Dichter häufig vorkommende Motiv des Schmetterlings und der Kerze, sondern auch eine naturwissenschaftliche, ja letzthin philosophische Anschauung: der Tod des Einzelwesens als letzte Umgestaltung, als Umverteilung der Bestandteile, als Werden verstanden.

Im Hause am Hirschgraben war es nicht bei der ersten Vorstellung geblieben. Die kleine Bühne mit ihrem stummen Personal, die man den Kindern anfangs nur vorgezeigt hatte, wurde ihnen nach dem Tode der Großmutter »zu eigener Übung und dramatischer Belebung« übergeben.

Das Puppenspiel wurde in Wolfgangs Giebelzimmer dergestalt eingerichtet, daß die Zuschauer in diesem Zimmer saßen, die spielenden und dirigierenden Personen aber in einem Nebenzimmer Platz fanden. Doch die jugendlichen Zuschauer wurden bald ungeduldig und verlangten mitzuspielen. Anfangs lernten sie das ursprüngliche Hauptdrama, worauf die Puppengesellschaft eigentlich eingerichtet war, auswendig. Aber bald veränderten sie die Garderobe, die Dekorationen, erfanden andere Rollen: »Diese kindliche Unterhaltung und Beschäftigung hat auf sehr mannigfaltige Weise bei mir das

Erfindungs- und Darstellungsvermögen, die Einbildungskraft und eine gewisse Technik geübt und befördert, wie es vielleicht auf keinem andern Wege, in so kurzer Zeit, in einem so engen Raume, mit so wenig Aufwand hätte geschehen können.«

Bald, nachdem sie dem Puppenspiel entwachsen waren, kam den Spielkameraden die Lust, die Rollen selbst auszuführen. Mit Hilfe eines Bedienten, der Schneider von Beruf war, statteten sie eine Rüstkammer von Kostümen aus zum Aufführen von Schau- und Trauerspielen.

Es blieb nicht beim Dramatisieren: für die Gespielen erzählte der kleine Wolfgang ein »Knabenmärchen«, den »Neuen Paris«, einen Traum: »Mir träumte neulich in der Nacht vor Pfingstsonntag, als stünde ich vor einem Spiegel und beschäftigte mich mit den neuen Sommerkleidern, welche mir die lieben Eltern auf das Fest hatten machen lassen.« Etwas später ist er in einem Saal, »an dessen Wänden mancherlei Kleidungen hingen, die sich sämtlich dem orientalischen Kostüm zu nähern schienen«. Er kleidet sich um: »Nun fand ich mich vor einem großen Spiegel in meiner Vermummung gar hübsch und gefiel mir besser als in meinem steifen Sonntagskleide.« Mitten im Traum erlebt er einen »Traum im Traum«, und zwar einen erotischen Traum: drei hübsche Mädchen spielen und tanzen, er führt mit ihnen »eine Art von kleinem Ballett« auf, womit die Damen zufrieden zu sein schienen, bis die eine ihm sagt: »Nun wollen wir spielen«, und ihn in ein anderes Zimmer führt. »Da waren alle Arten von Puppen, Puppenkleidern und Puppengerätschaften [...] und einzelne Spielsachen in Unzahl.« Sie spielen miteinander, bis er seine »schöne Gegnerin« küßt, sie einen durchdringenden Schrei ausstößt, so daß er aus dem »Traum im Traum« erwacht: »Mit dem Erwachen erwachte auch meine Bosheit, die sich noch heftig vermehrte, als ich von drüben die Spottworte und das Gelächter meiner Gegnerin vernahm.«

Zurück zum ersten Traum: da streift er sein leichtes Gewand ab: »Ganz nackt schritt ich nun gravitätisch einher.« Ein alter Mann fragt ihn: »Wer bist denn du?«, worauf er antwortet: »Ein Liebling der Götter.« Er kleidet sich wieder an und ist bald wieder sonntäglich geputzt und frisiert wie vorher. Eine Landschaft mit Mauern und Nußbäumen möchte er malen, »wie er sie gesehen hat«. Doch bald muß er glauben, »das zweite Abenteuer sei so gut wie das erste ein Traum gewesen«.

Dieses zwölf Seiten lange Märchen, Goethes erstes Werk, von ihm in *Dichtung und Wahrheit* veröffentlicht, ist eine Fundgrube für den Tiefenpsychologen. Da sind schon gewisse Strukturen, so z. B. der »Traum im Traum«, der Faust-Tragödie ablesbar.

Die beiden Grunderlebnisse, die Zucht von Seidenraupen und das Puppentheater, haben einen gemeinsamen Nenner: das Wort *Puppe*.

Allein in Goethes literarischen Werken und in seinen Tagebüchern, also abgesehen von den Briefen, den Gesprächen und den naturwissenschaftlichen Schriften, kommt das Wort Puppe – und seine Zusammensetzungen wie z. B. Puppenspiel – über hundert Mal vor.

Das Wort Puppe hat drei Bedeutungen.

Einmal bezeichnet es die Spielpuppe der Kinder, ein Spielzeug, das in Thüringen, in Schwaben, in der Schweiz auch Docke heißt.

Die zweite Bedeutung entspricht der Marionette des Puppenspiels.

Drittens aber heißt, um es mit den Worten des Grimmschen Wörterbuchs zu verdeutlichen, »die [wickelkindähnliche] Larve der Insekten« ebenfalls Puppe.

Alle diese drei Bedeutungen gehören zu den primären Erlebnissen des kleinen Wolfgang im Frankfurter Hause. Alle drei, besonders aber die zweite und die dritte, die Marionette des Puppenspiels und die Puppe als Larve des Schmetterlings, haben für Goethes spätere Weltanschauung eine entscheidende Bedeutung.

Im *Faust II* wird der kaum geborene Säugling Euphorion, der Sohn von Faust und Helena, vom Chor ausdrücklich mit der Entfaltung der Insekten verglichen:

> Kräftig und zierlich ... zieht
> Schon der Schalk die geschmeidigen

Doch elastischen Glieder
Listig heraus, die purpurne,
Ängstlich drückende Schale
Lassend ruhig an seiner Statt;
Gleich dem fertigen Schmetterling,
Der aus starrem Puppenzwang
Flügel entfaltend behendig schlüpft…

In der letzten Szene von *Faust II*, wenn die Engel, in der höheren Sphäre schwebend, Faustens Unsterbliches tragen, nehmen es die Seligen Knaben mit den Worten entgegen:

Freudig empfangen wir
Diesen im Puppenstand.

In Adelungs Wörterbuch, das Goethe besaß und öfters benutzte, ist das Puppenstadium »derjenige Zustand eines Insektes, da es eine leblose, wenigstens unbewegliche Puppe ist, derjenige Stand, welcher auf den Raupenstand folgt und unmittelbar vor dem Stande des vollkommenen Insekts vorher geht«.

In den *Wanderjahren* beschreibt Goethe den als glücklich, »dem sein Geschäft auch zur Puppe wird, der mit demselbigen zuletzt noch spielt und sich an dem ergötzt, was ihm sein Zustand zur Pflicht macht«.

Mit der Wortgruppe *Puppe* ist die Wortgruppe um das Wort *Mumme* sinnverwandt.

Mumme bezeichnete zur Zeit Goethes eine Maske, eine Larve, oder eine verlarvte, maskierte Person. Eine Mummerei war eine Verkleidung, eine Maskerade. Goethe sprach gern von den »geistlichen Mummereien, die einen abgeschmackten Aberglauben noch befestigen«.

Der Mummenschanz (Schanz, vom französischen *chance*, Glück) wurde zu Fastnachtszeiten von Masken gespielt, die in die Häuser gingen und dem Hauswirt und dort befindlichen Gästen stumm und bloß mit Zeichen den Wurf von Würfeln anboten. Nachdem sie gewonnen oder verloren hatten, gingen sie wieder davon. Dieses Spiel nannte man »Mummschanz schlagen«. Später konnte das Wort den bloßen Sinn einer Vermummung, einer Maskerade annehmen, ohne daß mehr das Glücksspiel dabei in Frage kam. Goethe erwähnt den Kölner Mummenschanz, Fastnacht 1825. Auch sagt er:

Ohne Fastnachttanz und Mummenspiel
Ist am Februar auch nicht viel.

Gleichfalls verwandt ist die Wortgruppe um die Vokabel *Maske*. Das Thema Maske kommt bei Goethe immer wieder vor. Hier ein einziges Beispiel davon, ein Erlebnis des kleinen Kindes.

Das Kind Wolfgang bekam die Pocken, eine Krankheit, die damals – obwohl es die Impfung schon gab – in den Familien wütete, vielen Kindern das Leben kostete oder sie entstellte. Der ganze Körper war mit Bläschen übersät, das Gesicht verunstaltet.

»Ich lag mehrere Tage blind und in großen Leiden. Man suchte die möglichste Linderung und
versprach mir goldene Berge, wenn ich mich ruhig
verhalten und das Übel nicht durch Reiben und
Kratzen vermehren wollte. Ich gewann es über
mich. [...] Endlich, nach traurig verflossener Zeit,
fiel es mir wie eine Maske vom Gesicht, ohne daß die
Blattern eine sichtbare Spur auf der Haut zurückge-
lassen; aber die Bildung war merklich verändert. Ich
selbst war zufrieden, nur wieder das Tageslicht zu
sehen und nach und nach die fleckige Haut zu
verlieren; aber Andere waren unbarmherzig genug,
mich öfters an den vorigen Zustand zu erinnern.«

Wolfgang fängt an zu lesen. Er liest viel: Hagedorn,
Gellert... Aber der Vater, der bei poetischen Werken den Reim für unerläßlich hält, will von Klop-
stock nichts wissen. Doch schmuggelt ein Freund
ein Exemplar des *Messias* ins Haus. Die Kinder
lernen die auffallendsten Stellen daraus und rezitie-
ren sie. »In das wilde verzweifelnde Gespräch
zwischen Satan und Adramelech, welche ins Rote
Meer [gemeint ist das Tote Meer] gestürzt worden,
hatten wir [Cornelia und Wolfgang] uns geteilt. Die
erste Rolle, als die gewaltsamste, war auf mein Teil
gekommen, die andere, um ein wenig kläglicher,
übernahm meine Schwester. Die wechselseitigen,
zwar gräßlichen, aber doch wohlklingenden Ver-
wünschungen flossen nur so vom Munde, und wir
ergriffen jede Gelegenheit, uns mit diesen hölli-
schen Redensarten zu begrüßen.«

Nota bene: der junge Goethe übernimmt die Rolle des Satan. Man wird sich später bei Gelegenheit der Faust-Tragödie daran erinnern müssen.

Eine Anekdote ist wohl bekannt: die Kinder sitzen auf einem Schemel hinter dem Ofen; während der Barbier den Vater, der jeden Samstagabend rasiert wird, einseift, murmeln die Kinder die Flüche des Adramelech mit steigender Leidenschaft. Plötzlich ruft die Schwester laut, mit fürchterlicher Stimme, die Worte:

O wie bin ich zermalmt!

Der Barbier erschrickt und gießt dem Vater das Seifenbecken über die Brust.

Goethe schließt: »So pflegen Kinder und Volk das Große, das Erhabene in ein Spiel, ja in eine Posse zu verwandeln; und wie sollten sie auch sonst im Stande sein, es auszuhalten und zu ertragen!«

Ein schwerwiegendes Wort: Nur dann sei das Leben zu ertragen und auszuhalten, wenn man es als Spiel, als Posse versteht.

Die Goethe-Kinder werden in eine öffentliche Schule geschickt, dies gibt ihnen die Gelegenheit, die Stadt teils allein, teils mit den Spielgefährten zu durchstreifen.

Zu den mimetischen Spielen gehört nicht nur die darstellende Kunst im engeren Sinn (Theater, Oper, Film usw.). Zu ihr gehört auch alles, was mit dem Feiern zu tun hat: Festlichkeiten, Maskenzüge, Bälle und Tänze, usw.

Das Leben in Frankfurt war zur Zeit des Kindes Wolfgang reich an solchen öffentlichen Veranstaltungen, die das Kind beeindruckten und über die der Dichter später ausführlich berichtet.

Für Goethe ist die Stadt Frankfurt schon an sich ein Schauspiel, oder zumindest der Dekor dazu: eine Art Schaukasten.

»So war es eine von unsern liebsten Promenaden, [...] inwendig auf dem Gange der Stadtmauer herumzuspazieren. Gärten, Höfe, Hintergebäude ziehen sich bis an den Zwinger heran; man sieht mehreren tausend Menschen in ihre häuslichen, kleinen, abgeschlossenen, verborgenen Zustände. Von dem Putz- und Schaugarten des Reichen zu den Obstgärten des für seinen Nutzen besorgten Bürgers, von da zu Fabriken, Bleichplätzen und ähnlichen Anstalten, ja bis zum Gottesacker selbst – denn eine kleine Welt lag innerhalb des Bezirks der Stadt – ging man an dem mannigfaltigsten, wunderlichsten, mit jedem Schritt sich verändernden Schauspiel vorbei, an dem unsere kindische Neugier sich nicht genug ergötzen konnte.«

Zweimal im Jahr, im Frühjahr und im Herbst, fanden die berühmten Frankfurter Messen statt, welche »in den sämtlichen Kinderköpfen jederzeit eine unglaubliche Gärung hervorbrachten«.

»Eine durch Erbauung so vieler Buden innerhalb der Stadt in weniger Zeit entspringende neue Stadt, das Wogen und Treiben, das Abladen und Auspakken der Waren« – dabei bildete sich im Kind »die Vorstellung von dem, was die Welt Alles hervorbringt, was sie bedarf und was die Bewohner ihrer verschiedenen Teile gegeneinander auswechseln«.

Die Messe als Sinnbild des Makrokosmos innerhalb der Stadt Frankfurt als Mikrokosmos!

Die Messen wurden durch »seltsame Feierlichkeiten« angekündigt, welche um so würdiger schienen, als sie die Alte Zeit, und was von dort her noch auf die Enkel gekommen, lebhaft vergegenwärtigten.

»Am Geleitstag war das ganze Volk auf den Beinen, drängte sich nach der Fahrgasse, nach der Brücke, bis über Sachsenhausen hinaus: alle Fenster waren besetzt, ohne daß den Tag über was Besonderes vorging; die Menge schien nur da zu sein, um sich zu drängen, und die Zuschauer, um sich unter einander zu betrachten.«

Die bürgerliche Kavallerie der Stadt Frankfurt zog in mehreren Abteilungen, mit den Oberhäuptern an ihrer Spitze, zu verschiedenen Toren hinaus, fand an einer gewissen Stelle Reiter oder Husaren der Reichsstände, die nebst ihren Anführern wohl empfangen und bewirtet wurden. Als die bürgerliche Kavallerie am Ende des Tages nach Hause ritt, vermochte mancher bürgerliche Reiter weder sein Pferd noch sich selbst auf dem Pferd zu halten.

Eine andere, noch viel seltsamere Feierlichkeit, welche am hellen Tage das Publikum aufregte, war das Pfeifergericht. Diese Zeremonie erinnerte an die Zeit, wo der Kaiser bedeutenden Handelsstätten Zollfreiheit gewährte; eine Zollfreiheit, die aber jährlich erneuert werden mußte.

»Auf einmal meldet eine wunderliche Musik gleichsam die Ankunft voriger Jahrhunderte. Es sind drei Pfeifer, deren einer eine alte Schalmei, der andere einen Baß, der dritte einen Pommer oder eine Hoboe bläst. Sie tragen blaue, mit Gold verbrämte Mäntel, auf den Ärmeln die Noten befestigt, und haben das Haupt bedeckt. So waren sie aus ihrem Gasthause, die Gesandten und ihre Begleitung hinterdrein, Punkt Zehn ausgezogen, von Einheimischen und Fremden angestaunt, und so treten sie in den Saal.« Im großen Kaisersaal wird nämlich ein öffentlicher Gerichtstag gehalten.

»Die Gerichtsverhandlungen halten inne, Pfeifer und Begleitung bleiben vor den Schranken, der Abgesandte [des Kaisers] tritt hinein und stellt sich dem Schultheißen gegenüber.«

Die symbolischen Gaben werden gereicht: der Pfeffer galt gleichsam für alle Waren, ein paar wundersam geschlitzte, mit Seide besteppte und bequastete Handschuhe, ein weißes Stäbchen. »Die Stadt Worms brachte einen alten Filzhut, den sie immer wieder einlöste, so daß derselbe viele Jahre ein Zeuge dieser Zeremonien gewesen.«

»Wir Kinder«, erklärt Goethe, »waren bei diesem Feste besonders interessiert, weil es uns nicht wenig

schmeichelte, unsern Großvater an einer so ehren-
vollen Stelle zu sehen.«

»Solchen altehrwürdigen Feierlichkeiten folgte in
guter Jahreszeit manches für uns Kinder lustreiche-
re Fest außerhalb der Stadt unter freiem Himmel.
An dem rechten Ufer des Mains, [...] auf den
Gemeinweiden umher versammelte man zu einem
gewissen Tage des Jahres die Rindviehherden aus
der Nachbarschaft, und die Hirten samt ihren
Mädchen feierten ein ländliches Fest, mit Tanz
und Gesang, mit mancherlei Lust und Ungezogen-
heit.«

Auf der anderen Seite der Stadt lag ein ähnlicher
Gemeindeplatz, gleichfalls mit einem Brunnen und
schönen Linden geziert. Dorthin trieb man zu
Pfingsten die Schafherden. Diese ländlichen Feste
gehörten wohl mit zu den ersten Eindrücken, deren
sich Goethe erinnern konnte.

Ja selbst der Krieg, der Siebenjährige Krieg, wurde
von den Frankfurtern, wenigstens von »Kindern
und Volk« als eine Feierlichkeit besonderer Art, als
Schauspiel erlebt.

»Die Durchmärsche der Franzosen war man gewohnt. [...] Nach alter reichsstädtischer Sitte po-
saunte der Türmer des Hauptturms, so oft Truppen
heranrückten, und an diesem Neujahrstage [1759,
Goethe war neun] wollte er gar nicht aufhören,
welches ein Zeichen war, daß größere Heereszüge
von mehreren Seiten in Bewegung seien. [...] Man
lief, sie vorbeipassieren zu sehen.«

Die Frankfurter Bourgeoisie war sowieso an dem Tag in feierlicher Stimmung:

»Der Neujahrstag ward zu jener Zeit durch den allgemeinen Umlauf von persönlichen Glückwünschungen für die Stadt sehr belebend. Wer sonst nicht leicht aus dem Hause kam, warf sich in seine besten Kleider, um Gönnern und Freunden einen Augenblick freundlich und höflich zu sein. Für uns Kinder war besonders die Festlichkeit im Hause des Großvaters an diesem Tage ein höchst erwünschter Genuß. Mit dem frühesten Morgen waren die Enkel schon daselbst versammelt, um die Trommeln, die Hoboen und Klarinetten, die Posaunen und Zinken, wie sie das Militär, die Stadtmusici und wer sonst Alles ertönen ließ, zu vernehmen. [...] Wie der Tag wuchs, so vermehrte sich die Anzahl der Honoratioren. Erst erschienen die Vertrauten und Verwandten, dann die untern Staatsbeamten; die Herren vom Rate selbst verfehlten nicht, ihren Schultheiß zu begrüßen, und eine auserwählte Anzahl wurde Abends in Zimmern bewirtet, welche das ganze Jahr über kaum sich öffneten. Die Torten, Biscuitkuchen, Marzipane, der süße Wein übten den größten Reiz auf die Kinder aus, wozu noch kam, daß der Schultheiß so wie die beiden Burgemeister aus einigen Stiftungen jährlich etwas Silberzeug erhielten, welches denn den Enkeln und Paten nach einer gewissen Abstufung verehrt ward; genug, es fehlte diesem Feste im Kleinen an nichts, was die Größten zu verherrlichen pflegt.«

An dem Neujahrstag 1759 rückten die französi-

schen Truppen in die Reichshauptstadt ein. Die Ein-
quartierung zwang Goethes Vater, »in sein kaum
vollendetes Haus fremde militärische Bewohner
aufzunehmen, ihnen seine wohlaufgeputzten und
meist verschlossenen Staatszimmer einzuräumen«.
Er, »ohnehin preußisch gesinnt, sollte sich nun von
Franzosen in seinen Zimmern belagert sehen«.

Doch das Glück wollte es, daß der Königsleutnant Graf Thorane (richtiger Thorenc), von Grasse
in der Provence (wo das Schloß Thorenc heute noch
besteht, es sollen in diesem Schloß noch Bilder zu
sehen sein, die Graf Thorenc in Frankfurt hatte
verfertigen lassen) bei Goethes einquartiert wurde.
Graf Thorenc war ein Kunstliebhaber. Als er hörte,
es gebe im Hause ein Gemäldezimmer, »erbat er
sich gleich, ob es schon Nacht war, mit Kerzen die
Bilder wenigstens flüchtig zu besehen.«

Thorenc betrug sich musterhaft. Um die neuen
Tapeten nicht zu verderben, wollte er nicht einmal
seine Landkarten an die Wände genagelt haben. Er
hielt täglich öffentliche Tafel, so daß es im Hause
»eine Bewegung und ein Gesumme wie in einem
Bienenkorbe gab«.

Es wurde viel Französisch gesprochen. Goethes
Vater sprach gut französisch. Die Mutter entschloß
sich sogleich, Französisch zu lernen, und Wolfgang
auch. Mit einem gleichaltrigen Franzosen, Derone,
und dessen ein paar Jahre älterer Schwester, die
zum französischen Theater gehörten, wurde »char-
mant und unaufhörlich« geplaudert, so daß Wolfgang »in vier Wochen mehr lernte, als man sich hätte

vorstellen können, so daß niemand wußte, wie [er] auf einmal, gleichsam durch Inspiration, zu der fremden Sprache gelangt war«.

Gerade da zeigt sich Goethes starker mimetischer Instinkt: »Auch hier [im Französischlernen] kam mir die angeborene Gabe zu Statten, daß ich leicht den Schall und Klang einer Sprache, ihre Bewegung, ihren Accent, den Ton und was sonst von äußern Eigentümlichkeiten, fassen konnte.« Seine Kenntnisse des Lateinischen und des Italienischen kamen ihm wohl beim Erlernen des Französischen zugute. »Aber dieses war Alles nur wenig gegen den Vorteil, den mir das Theater brachte.« Wolfgang hatte von seinem Großvater ein Freibillett erhalten, dessen er sich täglich bediente.

»Hier saß ich nun im Parterre vor einer fremden Bühne und paßte um so mehr auf Bewegung, mimischen und Rede-Ausdruck auf, als ich wenig oder nichts von Dem verstand, was da oben gesprochen wurde, und also meine Unterhaltung nur vom Gebärdenspiel und Sprachton nehmen konnte.« Von der Komödie verstand er am wenigsten, weil sie so geschwind gesprochen wurde. Der gemessene Schritt, das Taktartige der Alexandriner machte ihm die Tragödie faßlicher: von Racine, den er in der Bibliothek des Vaters antraf, lernte er ganze Stellen auswendig. Er rezitierte und deklamierte sie »nach theatralischer Art und Weise [. . .] mit großer Lebhaftigkeit, ohne daß [er] noch eine ganze Rede im Zusammenhang hätte verstehen können« – also, wie er selbst sagt, »wie ein eingelernter Sprachvogel«.

Komödien von Destouches, Marivaux, La Chaussée, Molière, das von Rousseau geschriebene und komponierte Schäferspiel *Le Devin du Village* gehörten zum täglichen Französischunterricht Wolfgangs.

Doch kann er sich nicht damit zufriedengeben, nur zuzuschauen. In der *Theatralischen Sendung* beschreibt Goethe, wie der junge Wilhelm Meister nach der Vorstellung des Puppentheaters unter den Tisch schleicht, den unteren Teppich aufhebt und zwischen den Tischbeinen weg guckt. Ich überlasse es den Psychoanalytikern, in diesem Verhalten des Kindes eine sexuelle Symbolik zu vermuten. Ich muß gestehen, daß Goethe es ihnen leicht macht, denn gleich nach dem Augenblick, wo er gesehen hat, wie die Puppen, Saul und Goliath, Mohren und Zwerge in einen Schiebkasten gepackt werden, kommt eine Magd und zieht ihn zurück: »So wie in gewissen Zeiten die Kinder auf den Unterschied der Geschlechter aufmerksam werden und ihre Blicke durch die Hüllen, die diese Geheimnisse verbergen, gar wunderbare Bewegungen in ihrer Natur hervorbringen, so war's Wilhelm mit dieser Entdeckung; er war ruhiger und unruhiger als vorher, deuchte sich, daß er was erfahren hätte, und spürte eben daran, daß er gar nichts wisse.«

Hier zeichnet sich die Verbindung von Spieltrieb, Neugier und Wissensdrang ganz deutlich ab.

Ein damaliger Gebrauch oder Mißbrauch, über den sich Voltaire beschwert hatte, half die Grenze zwischen Theater und Publikum verwischen. Wenn das Haus vollbesetzt war, stellte man noch einige Reihen von Bänken und Stühlen auf die Bühne selbst. Den Helden und Heldinnen der Tragödie blieb nichts übrig, als in einem sehr mäßigen Raume zwischen den Uniformen und Orden der französischen Offiziere ihre Geheimnisse zu enthüllen. Zwischen den Akten fiel der Vorhang nicht. Den jungen Wolfgang »als einem guten deutschen Knaben« war aber das Theater »das größte Heiligtum«, das möglichst »vollkommene Täuschung« erfordert. Doch standen auf der Bühne zwei Grenadiere, Gewehr bei Fuß, die bei einfallender Musik von zwei anderen »ganz strack« abgelöst wurden – eine *military police*, welche die Illusion störte.

Doch hielt die »theatralische Mannigfaltigkeit« die Kinder nicht immer im Schauspielhause. Bei schönem Wetter spielten sie auf der Straße davor. »Wir spielten [. . .] und begingen allerlei Torheiten.« Eines Tages erscheinen er und der kleine Derone, als Marquis angezogen, den Hut unter dem Arm, mit einem kleinen Bügel und einer großen seidenen Bandschleife. Sie inszenieren ein Duell und gehen dann sich mit einem Glas Mandelmilch von ihren Gemütsbewegungen zu erholen.

»Nun fehlte es von dem ersten Tage der Besitznehmung unserer Stadt, zumal Kindern und jungen Leuten, nicht an immerwährender Zerstreuung. Theater und Bälle, Paraden und Durchmärsche zogen unsere Aufmerksamkeit hin und her. Die letzteren besonders nahmen immer zu, und das

Soldatenleben schien uns ganz lustig und vergnüglich.«

Der Aufenthalt des Königsleutnants bei Goethes verschaffte den Kindern den Vorteil, alle bedeutenden Personen der französischen Armee in der Nähe zu betrachten. »So sahen wir von Treppen und Podesten, gleichsam wie von Galerien, sehr bequem die Generalität bei uns vorübergehen«, darunter der berühmte, wenn auch nicht gerade glorreiche Prinz Soubise, von dem ein Spottlied sagte, er habe seine Armee verloren und suche sie nächtens beim Licht einer Laterne. Das Schauspiel kam zu den Kindern ins Haus.

»Meine Leidenschaft zu dem französischen Theater wuchs mit jeder Vorstellung; ich versäumte keinen Abend, ob ich gleich jedes Mal, wenn ich nach dem Schauspiel mich zur speisenden Familie an den Tisch setzte und mich gar oft nur mit einigen Resten begnügte, die steten Vorwürfe des Vaters zu dulden hatte: das Theater sei zu gar nichts nütze und könne zu gar nichts führen. [...] doch wurde mein Vater sehr bald mit der Bühne ausgesöhnt, als er sah, daß ich mit unglaublicher Schnelligkeit in der französischen Sprache zunahm.«

Racine war sein Abgott geworden, Schöff von Olenschlager, ein kluger, geistreicher Mann, der »in seiner bürgermeisterlichen Festtracht gar wohl den angesehensten französischen Prälaten hätte vorstellen können«, etwa einen Fénelon, hatte Racines *Britannicus* aufführen lassen, wobei dem jungen Wolfgang die Hauptrolle, die des Nero, zuteil geworden war. Den Molière arbeitete er ganz durch, von Corneille einen großen Teil, er las gewissenhaft und ununterbrochen, das Schauspiel mehr denn je besuchend. *Das* ist Goethes Erziehung gewesen: seine Bildung.

Vom Zuschauer zum Schauspieler, vom Schauspieler zum Dramatiker: in wenigen Monaten geht der junge Wolfgang den Weg, und zwar dies alles in französischer Sprache.

»Die Menschen sind nun einmal so, daß Jeder, was er tun sieht, lieber selbst vornähme, er habe nun Geschick dazu oder nicht.« Der mimetische Instinkt ist übermächtig.

So schreibt er ein halb mythologisches, halb allegorisches Stück; die Szene ist ländlich, aber es fehlt weder an Königstöchtern noch an Prinzen noch an Göttern. Merkur soll da eine besondere Rolle gespielt haben, was ihm so lebhaft im Sinne geblieben ist, er wollte noch schwören, er habe ihn mit Augen gesehen.

Eine von ihm selbst reinlich gefertigte Abschrift legte er seinem französischen jugendlichen Freund Derone vor, in der Hoffnung, das Stück könne aufgeführt werden. Derone versicherte ihm, es sei gar nicht unmöglich. »Ich sah schon im Geist den Titel meiner Pièce an den Ecken der Straßen und Plätze mit großen Buchstaben angeschlagen.«

Derone wies ihm zunächst einige Sprachfehler nach; dann strich er manches aus, im Namen der Klassizität und der heiligen drei Einheiten des Aristoteles. Er »setzte zu, nahm eine Person weg, substituierte eine andere«, so daß dem jungen Autor die Haare zu Berge standen. Schließlich nahm Wolfgang seine »zerfetzte Geburt« mit nach Hause und ließ eine saubere Abschrift anfertigen, die er seinem Vater überreichte. Es ist schade, daß sie verlorengegangen ist; sonst könnte Goethe – zumindest der jugendliche Goethe, der Dichter, der damit anfing, ein französisches Stück zu schreiben –, als französischer Dramatiker gelten.

Im Februar 1763 verlassen die Franzosen Frankfurt. Im Oktober hört der vierzehnjährige Goethe ein Klavierkonzert eines Wunderkindes namens Wolfgang Mozart. Er gewinnt neue Freunde, dichtet für andere recht artige Liebesbriefe in Versen, in einem zwischen Knittelvers und Madrigal schwebenden Silbenmaße. Dazu schreibt er in *Dichtung und Wahrheit*: »Mystifikationen sind und bleiben eine Unterhaltung für müßige, mehr oder weniger geistreiche Menschen. [...] Kein Alter ist ganz frei von einem solchen Kitzel. Wir hatten uns in unsern Knabenjahren einander oft angeführt; viele Spiele beruhen auf solchen Mystifikationen und Attrappen; der gegenwärtige Scherz schien mir nicht weiter zu gehen: ich willigte ein.«
Hier ist das Geständnis: Scherz, Mystifikationen, Attrappen – und kein Alter ist ganz frei von einem solchen Kitzel. Richtiger gesagt: In jedem Lebensalter hat Goethe sich solche Mystifikationen und Scherze geleistet, und daran den größten Spaß, den schönsten »Kitzel« gehabt.

»Gretchen«, am Fenster sitzend und spinnend, warnt ihn aber vor der Mystifikation, bei der er sich selbst mystifiziert, indem er meint, einen anderen zum besten zu halten; die eine Illusion, aus der ihm aber noch »manche Freude und manches Ungemach entspringen« soll, sein Leben lang.

»Die Sache scheint ein unschuldiger Scherz«, sagt ihm das Mädchen. »Es ist ein Scherz, aber nicht unschuldig.« Sie weist ihn zurück: »nicht küssen! das ist so was Gemeines; aber lieben, wenn's mög-lich ist.«

Höhepunkte des geselligen Lebens in Frankfurt waren Wahl und Krönung des Kaisers als Schau-spiel. Eine solche Angelegenheit ergab sich im Frühjahr 1764; Wolfgang war fünfzehn. Der Be-schreibung der Festlichkeiten widmet Goethe im-merhin zwanzig Seiten. Wolfgang schleicht sich heran, aber wie soll der Junge dem großen Festessen im Römersaal beiwohnen, wo der Kaiser und König feierlich speist?

Er steht in einem Eckchen: »Vierundvierzig Gra-fen, die Speisen aus der Küche herantragend, zogen an mir vorbei, alle prächtig gekleidet, so daß der Kontrast ihres Anstandes mit der Handlung für einen Knaben wohl sinnverwirrend sein konnte. Das Gedränge war nicht groß, doch wegen des kleinen Raums merklich genug. Die Saaltüre war bewacht, indes gingen die Befugten häufig aus und ein. Ich erblickte einen pfälzischen Hausoffizian-

ten, den ich anredete, ob er mich nicht mit hinein-
bringen könne. Er besann sich nicht lange, gab mir
eins der silbernen Gefäße, die er eben trug, welches
er um so eher konnte, als ich sauber gekleidet war;
und so gelangte ich denn in das Heiligtum.«

»Der Einzug des Kurfürsten von Mainz erfolgte
den 21. März. Hier fing nun das Kanonieren an, mit
welchem wir auf lange Zeit mehrmals betäubt
werden sollten.« Goethe beschreibt umständlich
und mit sichtlichem Wohlbehagen die Krönung.
Solch eine politisch-religiöse Feierlichkeit hat, sagt
er, »einen unendlichen Reiz«: »wir sehen die irdische Majestät vor Augen, umgeben von allen Symbolen ihrer Macht«.

Nach dem enttäuschenden und traurigen Ausgang
der Gretchen-Episode gewinnt Goethe neue Freunde, eine muntere Gesellschaft. »Wasserfahrten stellte man häufig an, weil diese die geselligsten von
allen Lustpartien sind.« Doch mochten sie sich zu
Wasser oder zu Lande bewegen, »jedes Paar schloß
sich zusammen«, und einigen, zu denen der Jüngling gehörte, war eine weibliche Unterhaltung versagt. Ein Freund, der sich im gleichen Fall befand,
nachdem er öfters seinen Zustand launig und geistreich beklagt, machte eines Tages, als sie heiter und
froh im Gras gelagert ein ländliches Mahl verzehrt
hatten, folgenden, etwas befremdenden Vorschlag.
»Höchst werte Freunde und Freundinnen, Ge-
paarte und Ungepaarte! Ein Teil meiner edlen

Freunde ist gepaart und mag sich dabei ganz wohl befinden, ein anderer ungepaart, der befindet sich höchst schlecht.« Er schlägt vor, für die Dauer ihres geselligen Zusammenseins die bestehenden Paare zu trennen und aufzuheben. »Hier ist ein Beutel, in dem die Namen der Herren befindlich sind; ziehen Sie nun, meine Schönen, und lassen Sie sich's gefallen, Denjenigen auf acht Tage als Diener zu begünstigen, den Ihnen das Los zuweist. Dies gilt nur innerhalb unseres Kreises: sobald er aufgehoben ist, sind auch diese Verbindungen aufgehoben, und wer Sie nach Hause führen soll, mag das Herz entscheiden.«

Der Redner macht diesen Vorschlag »mit Ton und Gebärden eines Kapuziners«, eines Bußpredigers, der der Gesellschaft das Gewissen schärfe. Durch seine Possen setzt er die Gesellschaft in so gute Laune, daß er sich zur nächsten Dame wendet und ihr den Beutel hinhält. »Es kommt auf einen Versuch an! Wenn es in acht Tagen nicht gefällt, so geben wir es auf, und es mag beim Alten bleiben.«

»Halb willig, halb genötigt zogen die Damen ihre Röllchen, und gar leicht bemerkte man, daß bei dieser geringen Handlung mancherlei Leidenschaften im Spiel waren.«

Die neuen Zufallspaare wurden vom Spielleiter zusammengegeben, auf ihre Gesundheit wurde getrunken und Allen um so mehr Freude gewünscht, als ihre Dauer nur kurz sein sollte. »Gewiß aber war dies der heiterste Moment, den unsere Gesellschaft seit langer Zeit genossen.«

»Die Vorsteher, die sich gleich Ehre machen wollten, brachten ganz artige neue Spiele schnell in Gang, bereiteten in einiger Ferne eine Abendkost, auf die man nicht gerechnet hatte, illuminierten bei unserer nächtlichen Rückkehr die Jacht, ob es gleich bei dem hellen Mondschein nicht nötig gewesen wäre.«

Als sie ans Land stiegen, »führte ein jeder die ihm durchs Los zugefallene Dame noch aus dem Schiff und übergab sie alsdann ihrer eigentlichen Hälfte, wogegen er sich wieder die seinige eintauschte.«

Die wöchentliche Einrichtung, die sich anscheinend gut bewährt hatte, wurde für den Sommer festgesetzt. »Es war keine Frage, daß durch diesen Scherz eine neue und unerwartete Wendung in die Gesellschaft kam.«

Doch kaum hatte man sich eingerichtet, als man dem Redner, statt ihm zu danken, den Vorwurf machte, er habe das Beste seiner Rede, den Schluß, für sich behalten. Da »begann er sogleich eine Kapuzinade, fratzenhafter als je, vielleicht gerade darum, weil er die ernsthaftesten Dinge zu sagen gedachte«.

»Er führte nämlich mit Sprüchen aus der Bibel, die nicht zur Sache paßten, mit Gleichnissen, die nicht trafen, mit Anspielungen, die nichts erläuterten, den Satz aus, daß, wer seine Leidenschaften, Neigungen, Wünsche, Vorsätze, Pläne nicht zu verbergen wisse, in der Welt zu nichts komme, sondern aller Orten und Enden gestört und zum Besten gehabt werde; vorzüglich aber, wenn man in der Liebe glücklich sein wolle, habe man sich des tiefsten Geheimnisses zu befleißigen. Dieser Gedanke schlang sich durch das Ganze durch, ohne daß eigentlich ein Wort davon wäre ausgesprochen worden.«

Da Goethe gleich nachher sagt, er sei durch diesen in Jesuitenschulen ausgebildeten, seltsamen Menschen »auf Vieles aufmerksam geworden«, darf man vielleicht hier die Wurzel zum späteren Ausspruch vermuten: »Sagt es niemand, nur den Weisen.« Die Weisen ... wo sind sie, gibt es sie?

Jetzt aber (Goethe ist nun sechzehn) beschließt er zu studieren: Sprachen, Altertümer, Geschichte. Er will sich zu einem akademischen Lehramt fähig machen, welches ihm das Wünschenswerteste scheint für einen jungen Mann, der sich selbst auszubilden und zur Bildung anderer beizutragen gedenkt.

Er hat Göttingen im Auge. Da will er bei Heyne und Michaelis studieren. Doch läßt der Vater nicht mit sich reden: Jurist soll Wolfgang werden und in Leipzig studieren.

In Leipzig geht es aber ganz anders zu als in Frankfurt. Hier spricht man eine andere Sprache, hier kleidet man sich anders. Er hat Empfehlungsbriefe und wird gleich in »gute Häuser« eingeführt. »In Leipzig konnte ein Student kaum anders als galant sein, sobald er mit reichen, wohl und genau gesitteten Einwohnern in einigem Bezug stehen wollte.«

Galant ist der Leipziger Student Goethe.

Die Frau des Historikers und Staatsrechtlers Hofrat Böhme übt Geduld an ihm, um ihm das, was man Lebensart nennt, beizubringen. Sie und ihre Freundin lehren ihn gesellschaftliche Kartenspiele, »Piquet, L'hombre und was andere dergleichen Spiele sind, deren Kenntnis und Ausübung in der Gesellschaft für unerläßlich gehalten wird«. Später wird er Whist lernen und sagen: »Eine gewisse allgemeine Geselligkeit läßt sich ohne das Kartenspiel nicht mehr denken.«

Seine Neigung gilt jetzt einem gewissen Ännchen. Bei Gelegenheit dieser durch seine Schuld mißratenen Liebschaft entsteht die älteste seiner überlieferten dramatischen Arbeiten, das Stück *Die Laune des Verliebten*. Um sich Luft zu verschaffen, entwirft er mehrere Schauspiele, doch da sie fast alle mit einem tragischen Ende drohen, läßt er sie fallen. *Die Mitschuldigen* sind das einzige fertig gewordene. Dieses vordergründig heitere und burleske Wesen spricht in fast herben und derben Zügen jenes höchst christliche Wort auf spielerische Art aus: Wer sich ohne Sünde fühlt, der hebe den ersten Stein auf.

Es entwickelt sich in ihm, wie er notiert, »ein verwegener Humor«, ein Übermut, der, wenn er sich possenhaft äußert, sowohl im Augenblick als in der Erinnerung, viel Vergnügen macht. Er wird wörtlich zum Possenreißer.

»Solche humoristischen Kühnheiten, mit Geist und Sinn auf das Theater gebracht, sind von der größten Wirkung. Sie unterscheiden sich von der Intrige dadurch, daß sie momentan sind und daß ihr Zweck, wenn sie ja einen haben sollten, nicht in der Ferne liegen darf.« Als Beispiel nennt er Beaumarchais und seinen Figaro, seine »gutmütigen Schalks- und Halbschelmenstreiche«.

»Um die unendliche Langeweile des täglichen Lebens [in Leipzig] zu erheitern, übte ich unzählige solcher Streiche.«

Goethe befreundet sich mit einem Hofmeister namens Behrisch, einem »der wunderlichsten Käuze, die es auf der Welt geben kann«. Seine Späße waren »durchaus barock, ohne jemals ins Derbe oder Triviale zu fallen«. Er war besonders unerschöpflich, einzelne Menschen komisch darzustellen. Von harmlosen Torheiten, von schelmischen Streichen Behrischs weiß Goethe zu berichten. Manchmal gingen Behrisch und seine Freunde (auch Goethe?) zu einigen Mädchen, die »besser waren als ihr Ruf«. Behrischs Brotherr kündigte ihm.

»Der Verlust eines Freundes wie Behrisch, war für mich von der größten Bedeutung.« Dieser Behrisch, Goethes Mentor und erster Freund, war ein Spaßvogel – und Goethe war, nach eigener Aussage, der gelehrigste und fleißigste seiner Schüler.

In Leipzig wird Goethe krank. Er kehrt »gleichsam als Schiffbrüchiger« heim, nach Frankfurt. Hypochondrie, die ihm, sagte er, »von Hause« anhaftet, befällt ihn; vielleicht auch Tuberkulose. Aus dieser Zeit, den neun Monaten des Krankliegens im väterlichen Hause, kann in unserer Perspektive wenig gesagt werden: Bei gedämpfter Vitalität scheint nun der Spieltrieb ein wenig zu ruhen. Der Pietismus, »die schöne Seele« des Fräulein von Klettenberg, die frommen Herrnhuter, Mystik und Alchemie beherrschen sein Denken und Fühlen. Goethe ist wirklich krank, schwer krank.

Im März 1770 ist er so weit erholt, daß er nach Straßburg geht, um da weiterzustudieren. Die medizinische Fakultät ist besser als die juristische. Goethe verkehrt hauptsächlich mit Medizinern, wie z. B. Meyer, der seinen Freunden vom »närrischen Goethe« erzählt. Er macht die Bekanntschaft eines fünf Jahre älteren Theologen, Predigers und Lehrers: Johann Gottfried Herder.

Es gibt wieder einmal königliche Feiertage: Marie Antoinette, Erzherzogin von Österreich, Königin von Frankreich, soll auf ihrem Wege nach Paris über Straßburg reisen.

»Der schönen und vornehmen, so heitern als imposanten Miene dieser jungen Dame erinnere ich mich noch recht wohl. Sie schien, in ihrem Glaswagen uns Allen vollkommen sichtbar, mit ihren Begleiterinnen in vertraulicher Unterhaltung über die Menge, die ihrem Zug entgegenströmte, zu scherzen.«

Goethe macht bei dieser Gelegenheit ein kleines französisches Gedicht, das jedoch von einem Franzosen sehr unbarmherzig kritisiert wurde. »Ich erinnere mich nicht, nachher je wieder ein französisches Gedicht gemacht zu haben.«

Es stimmt; doch sehr viel später, 1823, hat er sein Gedicht *Aussöhnung* für Madame Szymanowska, die kein Deutsch verstand, ins Französische übertragen.

Er erlaubt sich wieder eine Mystifikation. »Unter uns jungen Leuten, die wir in Leipzig zusammen waren, hatte sich auch nachher ein gewisser Kitzel erhalten, einander etwas aufzubinden und wechselsweise zu mystifizieren.« Er schreibt an einen Freund in Frankfurt einen von Versailles aus datierten Brief, worin er ihm seine glückliche Ankunft und seine Teilnahme an den königlichen Feierlichkeiten vermeldet, ihm aber das strengste Stillschweigen gebietet. Er ist tatsächlich nicht in Straßburg. Er ist vierzehn Tage ausgeblieben; wo, mit wem, ist nicht zu ermitteln gewesen. Da aber in Paris bei Gelegenheit eines Feuerwerks ein Unglück geschehen war, bei dem eine Unzahl von Menschen ums Leben kam, machten sich Goethes Freunde in Frankfurt und Straßburg große Sorgen, bis er endlich wieder auftauchte. Seine Freunde waren zufrieden, ihn lebendig zu wissen, blieben aber überzeugt, er sei inzwischen in Paris gewesen. Doch die Sorgen, die sie um seinetwillen gehabt hatten, rührten ihn dermaßen, daß er »dergleichen Possen auf ewig verschwor«, sich »aber doch leider in der Folge manchmal etwas ähnliches« zuschulden kommen ließ. Denn, schließt er, »das wirkliche Leben verliert oft dergestalt seinen Glanz, daß man es manchmal mit dem Firnis der Fiktion wieder auffrischen muß.«

Doch in Straßburg wurde Goethe weniger der Mystifikator als der Mystifizierte. Der »gutmütige Polterer« mit bitterem, bissigem Humor, Herder, machte ihn mit Ossian bekannt, das man für ein altgälisches Epos hielt, doch nichts als eine allerdings hochtalentierte Fälschung des Schotten Macpherson war.

Sechs Wochen vor seinem Tode schreibt Werther: »Ossian hat in meinem Herzen den Homer verdrängt. Welch eine Welt, in die der Herrliche mich führt!« Erst drei Generationen später wurde Macphersons Fälschung, die Goethe und Napoleon gleicherweise begeistert hatte, aufgedeckt.

Darauf fängt eine andere Episode, richtiger gesagt: eine andere Phase in Goethes Leben an.

In Straßburg hat Goethe von einem Landgeistlichen sprechen hören, der sechs Stunden von Straßburg »im Besitz einer guten Pfarre mit einer verständigen Frau und ein paar liebenswürdigen Töchtern« lebe. Die Gastfreiheit und Anmut dieses Hauses wird höchlich gerühmt. Er beschließt, mit einem Freund dahin zu gehen. Doch will er »wo nicht schlecht, doch etwas ärmlich und nachlässig gekleidet« als armer Studiosus der Theologie erscheinen, und sein Freund soll bei der Einführung weder Gutes noch Böses von ihm sagen.

Hier macht Goethe auf einen besonderen Zug

seines Charakters aufmerksam, nämlich, daß von Jugend auf in ihm eine Lust, sich zu verkleiden, durch den ernsten Vater erregt worden sei.

Teils durch eigene ältere, teils durch geborgte Kleidungsstücke, durch die Art, sich die Haare zu kämmen – in Straßburg gilt er als »der bestfrisierte und bestbehaarte junge Mann« –, ist er »wo nicht entstellt, doch wenigstens so wunderlich zugestutzt«, daß sein Freund sich des Lachens nicht erwehren kann. Beim Pfarrer Brion in Sesenheim angelangt, fängt er an, seine Rolle zu spielen, doch mit Mäßigung, halb beschämt, so gute Menschen zum besten zu haben.

Nach einem Abendessen im Familienkreis, und weil »hiebei ein guter Landwein keineswegs geschont wurde«, steht Goethe in Gefahr, aus der Rolle zu fallen. Sein vorsichtiger Freund schlägt einen Spaziergang vor, bietet der älteren Schwester den Arm, Goethe der jüngeren: sie heißt Friederike. Friederike Brion.

Die beiden Freunde ziehen sich in das für sie bereitete Gastzimmer zurück, sie schwatzen noch bis spät in die Nacht. Als Goethe aufwacht, ist das Verlangen, Friederike wiederzusehen, unüberwindlich. Doch da er sich in den geborgten, abgetragenen grauen Rock einzwängt, fällt er in Verzweiflung. Wieder vor Friederike hinzutreten, von der am Vorabend sein verkleidetes Selbst so freundlich angesprochen worden war, die ihn gar gebeten hatte, sie wieder zu besuchen, ist schier unmöglich.

»Leb wohl!« ruft er seinem verdutzten Freund

zu. Er schwingt sich aufs Pferd; weg ist er. Die Absicht ist, schnell in die Stadt zu reiten, sich umzuziehen, ein gutes frisches Pferd zu nehmen und abends wieder in Sesenheim einzutreffen.

Doch fällt ihm etwas anderes ein. Am Tag zuvor hat er im Gasthofe zu Sesenheim einen sehr sauber gekleideten Wirtssohn bemerkt, der mit ihm eine gewisse Ähnlichkeit hat. Gedacht, getan! Im Gasthofe schlägt er dem Burschen vor, die Kleider zu tauschen. Er findet es lustig, des Burschen dichtere Augenbrauen mit einem angebrannten Korken nachzuahmen und sie in der Mitte näher zusammenzuziehen, um sich bei seinem »rätselhaften Vornehmen« auch äußerlich »zum Rätsel« zu bilden. Er erbietet sich, einen Kindtaufkuchen der Frau Pfarrin zu bringen.

In der Pfarre wird er zuerst von der Mutter erkannt. Das Wort stockt ihr im Munde: »Wie viel Gestalten haben Sie denn?« fragt sie. »Im Ernst nur Eine«, versetzt er; »zum Scherz, soviel Sie wollen.« »Den will ich nicht verderben«, sagt die Mutter, »ich will den Spaß schon eingeleitet haben.«

Friederike kommt, glaubt zuerst mit dem Burschen George zu sprechen, betrachtet ihn dann mit Erstaunen und ruft aus nach einem tieferen Atemholen: »Garstiger Mensch, wie erschrecken Sie mich!« Die erste Maske hat mich in die zweite getrieben, erklärt Goethe. Der Scherz geht weiter, bis als letzter der Pfarrer den gestrigen Besucher erkennt, doch nicht aus seiner pfarrherrlichen Fassung gerät: »Ei ei! Herr Kandidat!«

Unter dem Zeichen einer doppelten Verkleidung fängt das Idyll in Sesenheim an, von dem später ausführlich die Rede sein wird.

Später reflektiert Goethe über das Rollenspielen im Welttheater: »Alle Menschen guter Art empfinden bei zunehmender Bildung, daß sie auf der Welt eine doppelte Rolle zu spielen haben, eine wirkliche und eine ideelle. [...] Was uns für eine wirkliche zugeteilt ist, erfahren wir nur allzu deutlich; was die zweite betrifft, darüber können wir selten ins Klare kommen.«

In der Zeit, in der Goethe diese Zeilen schreibt, ist er ein alter Mann. Er ist darüber wohl noch nicht ins Klare gekommen, was für eine ideelle Rolle er im Welttheater gespielt hat. Was für eine wirkliche, ist ihm »nur zu deutlich«. Daß er eine (zumindest) doppelte Rolle gespielt – und spielend gespielt – hat, ist ihm bewußt.

Hinzu kommt eine dritte Rolle: die desjenigen, der sich »im Spiegel« der Rückerinnerung betrachtet.

Ein Spiegel, »der keineswegs verhäßlicht«.

Am 6. August 1771 promoviert Goethe in Straßburg. Am Tage darauf nimmt er in Sesenheim Abschied, ohne zu sagen, dieser Abschied sei ein endgültiger. Er kehrt heim, zunächst nach Frankfurt. Er wird Rechtsanwalt, doch nur für kurze Zeit. Er wird noch Mittel und Wege finden, sich weiter auszutollen.

Er liest, er schreibt, er verkehrt mit Bekannten und Unbekannten.

Er liest, wie er sagt, »sprungweise«, alles durcheinander. Die nordische Mythologie fesselt ihn: »der humoristische Zug, der durch die ganze nordische Mythe durchgeht, war mir höchst lieb und bemerkenswert. Sie schien mir die einzige, welche durchaus mit sich selbst scherzt, einer wunderlichen Dynastie von Göttern abenteuerliche Riesen, Zauberer und Ungeheuer entgegensetzt, die nur beschäftigt sind, die höchsten Personen während ihres Regiments zu irren, zum Besten zu haben und hinterdrein mit einem schmählichen, unvermeidlichen Untergang zu drohen.«

Im Mai 1772 wird er beim Reichskammergericht in Wetzlar als Jurist tätig. Ein Aufenthalt, von dem er sich »unmöglich viel Freude versprechen« konnte. Zwanzigtausend Prozesse hatten sich aufgehäuft, jährlich konnten sechzig abgetan werden, und das Doppelte kam hinzu. Der »ehrwürdige deutsche Fleiß, der mehr auf Sammlung und Entwicklung von Einzelheiten als auf Resultate losging, fand hier einen unversiegenden Anlaß zu immer neuer Beschäftigung«. Doch war er sehr verwundert, als in dieser trostlosen Situation ihm »anstatt einer sauertöpfischen Gesellschaft ein drittes akademisches Leben entgegensprang.«

An einer großen Wirtstafel trafen sich beinahe sämtliche Gesandtschaftsuntergeordnete – junge muntere Leute, die ihr mittägliches Beisammensein durch eine romantische Fiktion erheiterten.

»Sie stellten nämlich, mit Geist und Munterkeit, eine Rittertafel vor. Obenan saß der Heermeister, zur Seite desselben der Kanzler, sodann die wichtigsten Staatsbeamten; nun folgten die Ritter, nach ihrer Anciennität. [...] Einem jeden war ein Rittername zugelegt, mit einem Beiworte. Mich nannten sie Götz von Berlichingen, den Redlichen.«

»Übrigens wurde dieses fabelhafte Fratzenspiel mit äußerlichem großen Ernst betrieben, ohne daß Jemand lächerlich finden durfte, wenn eine gewisse Mühle als Schloß, der Müller als Burgherr behandelt wurde, wenn man Die vier Haimonskinder für ein kanonisches Buch erklärte und Abschnitte daraus bei Ceremonien mit Ehrfurcht vorlas. Der Ritterschlag selbst geschah mit hergebrachten, von mehreren Ritterorden entlehnten Symbolen. Ein Hauptanlaß zum Scherze war ferner der, daß man das Offenbare als ein Geheimnis behandelte; man trieb die Sache öffentlich, und es sollte nicht davon gesprochen werden. Die Liste der sämtlichen Ritter ward gedruckt, mit so viel Anstand als ein Reichstagskalender; und wenn Familien darüber zu spotten und die ganze Sache für absurd und lächerlich zu erklären wagten, so ward zu ihrer Bestrafung so lange intriguirt, bis man einen ernsthaften Ehemann oder nahen Verwandten beizutreten und den Ritterschlag anzunehmen bewogen hatte; da denn über den Verdruß der Angehörigen eine herzliche Schadenfreude entstand.«

Das Spiel als Spiel, das Spiel mit dem Spielen, das Spiel mit dem als Geheimnis behandelten Offenbaren, zuletzt das Spiel mit denen, die nicht mitspielen, und Schadenfreude daran, »ernsthafte« Leute als Objekt in das Spiel hineinzureißen, sie lächerlich zu machen: das ist das Leben in Wetzlar.

In dieses Ritterwesen verschlingt sich noch ein philosophisch und mystisch sein wollender Orden. »Der erste Grad hieß der Übergang, der zweite des Übergangs Übergang, der dritte des Übergangs Übergang zum Übergang und der vierte des Übergangs Übergang zu des Übergangs Übergang.« Hinter diesen Hüllen sei, meint Goethe, »nicht eine Spur von Zweck zu finden« – also reines Spiel.

An »solchen Possen« beteiligt sich Goethe »sehr gern«. Er weiß auch beizuraten, macht Vorschläge, trägt bei Gelegenheit von Festen und Feierlichkeiten das Buch der vier Haimonskinder selbst mit großer Emphase vor.

Doch treibt er sich schließlich »an solchen Dingen müde«. Er vermißt die Frankfurter und Darmstädter Umgebung. Ende September 1772 ist er wieder zu Hause, in Frankfurt.

Er spielt – wer hat es in seinem Alter nicht getan? – mit dem Gedanken des Freitodes. Freiwillig aus der Welt gehen...

»Unter einer ansehnlichen Waffensammlung besaß ich auch einen kostbaren wohlgeschliffenen Dolch. Diesen legte ich mir jederzeit neben das Bett, und ehe ich das Licht auslöschte, versuchte ich, ob es mir wohl gelingen möchte, die scharfe Spitze ein paar Zoll tief in die Brust zu senken. Da dieses aber niemals gelingen wollte, so lachte ich mich zuletzt selbst aus, warf alle hypochondrischen Fratzen hinweg und beschloß zu leben.«

Um dies aber »mit Heiterkeit« tun zu können, beschließt er, sich an seinen Tisch zu setzen und »eine dichterische Aufgabe zur Ausführung zu bringen«. So entsteht der *Werther*.

Der kleine Roman sollte eine Satire der Sentimentalität sein. In ein paar Wochen, »ziemlich unbewußt, einem Nachtwandler ähnlich«, schreibt er ihn und verwundert sich selbst darüber.

Er verwundert sich aber noch mehr über den rasenden Erfolg. Dieser Erfolg beruht auf einem Mißverständnis.

Wohl kann man »von dem Publikum nicht verlangen, daß es ein geistiges Werk geistig aufnehmen solle«. Das Publikum hat Goethes satirische Ansicht völlig verkannt, und damit hat er sich abfinden müssen.

Später, viel später, in der *Kampagne in Frankreich*, wird er auf diese entscheidende Episode seiner literarischen Tätigkeit, die ihn weltberühmt machte, eingehend zurückkommen. Damals hatte er gemeint, im Sinne des Engländers Laurence Sterne und seines *Tristram Shandy* eine lächelnde Satire zu schreiben und das Übel aufzudecken, das in jungen Gemütern verborgen lag. Doch hatte er sich verrechnet: Dem deutschen Leser war die humoristische Ironie der Briten nicht gegeben; der Geist von Yorick-Sterne schwebte nicht über den Deutschen.

Einige Jahre vor dem *Werther*, 1767, hatte Lessing in der Hamburgischen Dramaturgie das französische Wort *Persiflage* gebraucht. Warum das französische Wort? Weil, sagte er, es kein entsprechendes deutsches Wort gebe, die Sache sei auch in Deutschland unbekannt. Goethes Persiflage der Sentimentalität wurde auch nicht als solche vernommen, sie wird heute immer noch nicht als solche anerkannt. Für Goethe war die Hauptsache, daß er sich durch »das alte Hausmittel«, das Schreiben, von der Selbstquälerei befreit hatte. »Ich fühlte mich wie nach einer Generalbeichte wieder froh und frei und zu einem neuen Leben berechtigt. [...] Von Rezensionen nahm ich wenig Notiz. Die Sache war für mich völlig abgetan.«

Der Organisator des früheren Gesellschaftsspiels der »Zufallspaare«, die jede Woche neu ausgelost worden waren, war immer noch in Frankfurt, doch war er inzwischen etwas älter und erfahrener geworden.

»Er hatte sich in Gefolg von jenen frühern Scherzen etwas Ähnliches ausgedacht: es sollte nämlich alle acht Tage gelost werden, nicht um, wie vormals, liebende Paare, sondern wahrhafte Ehegatten zu bestimmen. Wie man sich gegen Geliebte betrage, das sei uns bekannt genug; aber wie sich Gatte und Gattin in Gesellschaft zu nehmen hätten, das sei uns unbewußt und müsse nun, bei zunehmenden Jahren, vor allen Dingen gelernt werden. Er gab die Regeln an im Allgemeinen, welche bekanntlich darin bestehen, daß man tun müsse, als wenn man

einander nicht angehöre; man dürfe nicht neben
einander sitzen, nicht viel mit einander sprechen,
viel weniger sich Liebkosungen erlauben: dabei aber
habe man nicht allein Alles zu vermeiden, was
wechselseitig Verdacht und Unannehmlichkeit erregen könnte, ja man würde im Gegenteil das größte
Lob verdienen, wenn man seine Gattin auf eine
ungezwungene Weise zu verbinden wisse. Das Los
wurde hierauf zur Entscheidung herbeigeholt, über
einige barocke Paarungen, die es beliebt, gelacht
und gescherzt und die allgemeine Ehestands-Komö-
die mit gutem Humor begonnen und jedesmal am
achten Tage wiederum erneuert.«

Es traf sich aber, daß ihm das Los gleich von
Anfang an ebendieselbe Dame zweimal bestimmte.
»Ein sehr gutes Wesen, gerade von der Art, die man
sich als Frau gerne denken mag. Ihre Gestalt war
schön und regelmäßig, ihr Gesicht angenehm, und
in ihrem Betragen waltete eine Ruhe, die von der
Gesundheit ihres Körpers und ihres Geistes zeugte
[...] Die Gewohnheit ist aber ein wunderliches
Ding: wir Beide fanden nach und nach nichts
natürlicher als dieses Verhältnis; sie ward mir immer werter, und ihre Art, mit mir zu sein, zeugte
von einem schönen ruhigen Vertrauen, so daß wir
uns wohl gelegentlich, wenn ein Priester zugegen
gewesen wäre, ohne vieles Bedenken auf der Stelle
hätten zusammengeben lassen.«

Goethe, sich auf der Stelle trauen lassen? Er
denkt nicht daran. Ein Spiel ist ein Spiel, es soll ein
Spiel bleiben. Wie könnte man sonst weiterspielen?

Goethes Autobiographie endet mit der Abreise nach Weimar im November 1775. Vor dem Abschluß dieser ersten Lebensperiode faßt Goethe eine Art Welt- und Lebensanschauung zusammen, die für seine Haltung als *homo ludens* und den philosophischen Ernst, der dabei zu unterstellen ist, als bezeichnend betrachtet werden darf.

»Er [damit bezeichnet Goethe sich selbst als Kind, Knabe und Jüngling] glaubte in der Natur, der belebten und unbelebten, der beseelten und unbeseelten, etwas zu entdecken, das sich nur in Widersprüchen manifestierte und deshalb unter keinen Begriff, noch viel weniger unter ein Wort gefaßt werden konnte. Es war nicht göttlich, denn es schien unvernünftig; nicht menschlich, denn es hatte keinen Verstand; nicht teuflisch, denn es war wohltätig; nicht englisch, denn es ließ oft Schadenfreude merken. Es glich dem Zufall, denn es bewies keine Folge; es ähnelte der Vorsehung, denn es deutete auf Zusammenhang. Alles, was uns begrenzt, schien für dasselbe durchdringbar; es schien mit den notwendigen Elementen unsres Daseins willkürlich zu schalten; es zog die Zeit zusammen und dehnte den Raum aus. Nur im Unmöglichen schien es sich zu gefallen und das Mögliche mit Verachtung von sich zu stoßen.

Dieses Wesen, das zwischen alle übrigen hineinzutreten, sich zu sondern, sie zu verbinden schien, nannte ich dämonisch, nach dem Beispiel der Alten und Derer, die etwas Ähnliches gewahrt hatten.«

Es gibt gewisse Menschen, die »nicht immer die vorzüglichsten Menschen, weder an Geist noch an Talenten, selten durch Herzensgüte sich empfehlend« sind; aber »eine ungeheure Kraft geht von ihnen aus, und sie üben eine unglaubliche Gewalt über alle Geschöpfe, ja sogar über die Elemente, und wer kann sagen, wie weit sich eine solche Wirkung erstrecken wird? Alle vereinten sittlichen Kräfte vermögen nichts gegen sie; vergebens, daß der hellere Teil der Menschen sie als Betrogene oder Betrüger verdächtig machen will, die Masse wird von ihnen angezogen. Selten oder nie finden sich Gleichzeitige ihres Gleichen, und sie sind durch Nichts zu überwinden, als durch das Universum selbst, mit dem sie den Kampf begonnen; und aus solchen Bemerkungen mag wohl jener sonderbare, aber ungeheure Spruch entstanden sein: *Nemo contra deum nisi deus ipse.*«

Diese seltsame, unter den herkömmlichen Weltanschauungen kaum zu klassifizierende Anschauung entspricht genau einer *philosophia ludens*; der dämonische Mensch ist der Spieler, der verstanden hat, daß er im Spiel der Welt als Spieler, und nur als solcher, eine ihm angemessene Rolle findet, wenn er in sich die Kraft fühlt, die Rolle zu spielen.

Wie verhält sich aber der junge Mensch in einer Spielsituation, wie sie Goethe beschreibt, wenn er mit einer Einladung des Weimarer Hofs rechnet, diese aber auf sich warten läßt, so daß der Vater an einen »lustigen Hofstreich« glaubt, den man in Gefolg seiner Unarten habe ausgehen lassen, um ihn zu kränken und zu beschämen, es sich jedoch herausstellt, daß nur Zufälligkeiten die Angelegenheit verzögert hätten?

»Wunderbare Dinge müssen freilich entstehen, wenn eine planlose Jugend, die sich selbst so leicht mißleitet, noch durch einen leidenschaftlichen Irrtum des Alters [damit meint Goethe, die vorgefaßte Meinung seines Vaters den Weimarer Angelegenheiten gegenüber] auf einen falschen Weg getrieben wird. Doch darum ist es Jugend und Leben überhaupt, daß wir die Strategie gewöhnlich erst einsehen lernen, wenn der Feldzug vorbei ist. Im reinen Geschäftsgang wär' ein solches Zufälliges leicht aufzuklären gewesen, aber wir verschwören uns gar zu gern mit dem Irrtum gegen das Natürlichwahre, so wie wir die Karten mischen, eh wir sie herumgeben, damit ja dem Zufall sein Anteil an der Tat nicht verkümmert werde; und so entsteht gerade das Element, worin und worauf das Dämonische so gern wirkt und uns nur desto schlimmer mitspielt, je mehr wir Ahnung von seiner Nähe haben.«

»Strategie«, »Karten mischen«, »daß dem Zufall sein Anteil nicht verkümmert werde«, das Dämonische, das »mitspielt«... dies alles Ausdrücke eines bewußten, bewußt gewordenen Spielers und Theoretikers des Spielens.

II. Die erotischen Spiele

Am Ende seines Lebens (1938) entwarf Sigmund
Freud in seinem unvollendet gebliebenen *Abriß
der Psychoanalyse* eine allgemeine Trieblehre, eine
Theorie der Triebe. »Nach langem Zögern und
Schwanken haben wir uns entschlossen, nur zwei
Grundtriebe anzunehmen, den *Eros* und den *Destruk-
tionstrieb*. Das Ziel des ersten ist, immer größere
Einheiten herzustellen und so zu erhalten, also
Bindung, das Ziel des anderen im Gegenteil, Zusam-
menhänge aufzulösen und so die Dinge zu zerstören.
[...] Wir heißen ihn *Todestrieb*. [...] In den biologi-
schen Funktionen wirken die beiden Grundtriebe
gegeneinander oder kombinieren sich miteinander.
[...] Dieses Mit- und Gegeneinanderwirken der
beiden Grundtriebe ergibt die ganze Buntheit der
Lebenserscheinungen.« Die gesamte verfügbare
Energie des Eros nennt Freud *libido*.
    Es besteht hier keineswegs die Absicht, Freuds
Theorien (bekanntlich gibt es deren mehrere) auf
den Fall Goethe anzuwenden. Ich will nur von der
Annahme von zwei Grundtrieben ausgehen, von
denen der eine sich als *libido* manifestiert, der andere
aber nicht – wie es Freud tat – als Todestrieb, als
Thanatos, bezeichnet werden soll. Der Unterschied
zwischen Spieltrieb und Freudschem *Thanatos* ist
wohl nicht so groß, wie man zunächst meinen mag.
In den Äußerungen des Spieltriebs ist die Perspekti-

ve des Todes enthalten. Im Schachspiel bedeutet das Wort *matt* »tot«.

Man soll auch mit Freud feststellen, daß die beiden Grundtriebe in den biologischen (und psychologischen) Funktionen bald gegeneinander wirken, bald (was der häufigste Fall ist) sich miteinander kombinieren.

Die Kombination der *libido* mit dem Spieltrieb würde ich als das Erotische bezeichnen.

Nach dieser klärenden Vorbemerkung möchte ich dem Erotischen, also der Kombination von Sexualtrieb und Spieltrieb, in Goethes Verhalten ein wenig nachgehen.

Dies soll keineswegs den Versuch einer Psychoanalyse Goethes darstellen: Solches soll den Fachleuten überlassen werden. Es soll auch keine Darstellung von Goethes Sexualleben, kein Katalog seiner Liebschaften sein. Ich will lediglich einige durchaus bekannte Züge seiner Biographie hervorheben, die vielleicht ein besseres Verständnis Goethes als Menschen einleiten dürften. Ich will auch prinzipiell von Goethes Aussagen ausgehen. Er war ja ein Fachmann der Tiefenpsychologie und der Selbstanalyse; er war ein Freund des Mediziners Carus, der den Begriff des Unbewußten damals prägen half. Und Freud meinte, jeder sei der bestmögliche Analyst seiner selbst. Bei Goethe ist dies gewiß der Fall. Wie sollte man sich nicht an seine wohl diskreten, doch – wenn man sie nur aufmerksam liest – erstaunlich vielsagenden Berichte halten?

1759, mitten im Siebenjährigen Krieg, war

Frankfurt – wie wir gesehen haben – von den Franzosen besetzt worden, und der französische Königsleutnant Graf Thorane im Hause am Hirschgraben bei Goethes einquartiert worden. Thorane hatte eine französische Theatergruppe aus Frankreich kommen lassen.

Zur ein paar Jahre älteren Mademoiselle Derone, der Tochter einer französischen Schauspielerin, faßte Wolfgang eine Neigung.

»Manchmal, wenn die Mutter auf den Proben oder in Gesellschaft war, fanden wir uns in ihrer Wohnung zusammen, um zu spielen oder uns zu unterhalten. Ich ging niemals hin, ohne der Schönen eine Blume, eine Frucht oder sonst etwas zu überreichen.«

Von Gretchen in Frankfurt haben wir schon erzählt.

Als Leipziger Student hat er, wie gesagt, mit seinem Freund Behrisch »einen gewissen Hang zu einigen Mädchen, welche besser waren, als ihr Ruf«. Seine frühere Neigung zu Gretchen hat er »nun auf ein Ännchen übertragen, von der [er] nicht mehr zu sagen wüßte, als daß sie jung, hübsch, munter, liebevoll und angenehm war. [...] Ich sah sie täglich ohne Hindernisse, sie half die Speisen bereiten, die ich genoß, sie brachte mir wenigstens Abends den Wein, den ich trank. [...] Es fand sich zu mancherlei Unterhaltung Gelegenheit und Lust. Da sie sich wenig vom Hause entfernen konnte noch durfte, so wurde denn doch der Zeitvertreib etwas mager. [...] Durch ungegründete und abgeschmackte Eifersüchteleien verdarb ich mir und ihr die schönsten Tage. Sie ertrug es eine Zeit lang mit unglaublicher Geduld, die ich grausam genug war aufs Äußerste zu treiben. Allein zu meiner Beschämung und Verzweiflung mußte ich endlich bemerken, daß sich ihr Gemüt von mir entfernt habe, und daß ich nun wohl zu den Tollheiten berechtigt sein möchte, die ich mir ohne Not und Ursache erlaubt hatte.«

Da entspringt, wie bereits gesehen, die älteste von Goethes überlieferten dramatischen Arbeiten, das kleine Stück *Die Laune des Verliebten*.

Auf einem Ausflug nach Dresden begegnet er einer jungen Dame und schreibt an seinen Freund und Mentor Behrisch: »Sie ist manchmal Sonntags allein zu Hause. Vierzehn Tage Vorbereitung, und so ein Sonntag sollte die Ehrbarkeit vom Schlosse wegjagen.« Der Ton eines Zynikers? Das möchte er wohl. Aber er fügt hinzu: »Wirklich... könnte ich's aber nur ungestraft tun [...], so würde ich die Affäre des Teufels übernehmen und das gute Werk zunichte machen. Kennst Du mich in diesem Ton, Behrisch?«

Später schreibt er, er sei ein Teufel.

»Zwei Seelen, ach!« Goethe schwankt zwischen der Sentimentalität eines Schwärmers und der Rastlosigkeit eines Lebensgenießers. Dabei ist nichts Originelles, wenn nicht vielleicht die Bewußtheit des gespaltenen Wesens.

Goethes »Bindung an die Schwester« ist von den Psychologen untersucht worden. Der fünfzehn Monate jüngeren Cornelia Goethe galt eine von ihr erwiderte Zuneigung. Das Stück *Die Geschwister*, in dem für Wilhelm die Entdeckung, daß Marianne nicht seine Schwester ist und daher ihrer Liebe nichts im Wege steht, die Lösung ist, läßt sich nicht so einfach auf Goethes Verhältnis zu Cornelia übertragen. Man hat auch gemeint, das Stück sei symbolisch für sein Verhältnis zur Frau von Stein. Ein kurzer Briefwechsel entstand tatsächlich zwischen Frau von Stein und Cornelia, in dem letztere mit Schrecken feststellt, daß der Arzt Zimmermann, der sie behandelt, zwischen ihr und der Frau von Stein eine gewisse Ähnlichkeit in der Silhouette gefunden habe.

Cornelia, die »ich mir, wenn ich manchmal über ihr Schicksal phantasierte, nicht gern als Hausfrau, wohl aber als Äbtissin, als Vorsteherin einer edlen Gemeinde gar gern denken mochte«, scheint kaum als Objekt sexueller Phantasien in Betracht zu kommen.

Wolfgang Goethe scheint nicht, wie es die Psychologen ausdrücken, »schwestergebunden« gewesen zu sein. Als sie heiratete, hörte er auf, ihr zu schreiben, besuchte sie kaum, schien von ihrem frühen Tode (8. Juni 1777) wenig betroffen.

Ganz spät sprach er sich einmal zu Eckermann über die Liebe von Bruder und Schwester aus, die rein und geschlechtslos sei, wenn sich auch in unzähligen Fällen bekannter und unbekannter Weise die sinnlichste Neigung eingeschlichen habe.

Dann Friederike Brion in Sesenheim. »Ich war
grenzenlos glücklich an Friederikens Seite: gesprä-
chig, lustig, geistreich, vorlaut, und doch durch
Gefühl, Achtung und Anhänglichkeit gemäßigt. Sie
in gleichem Falle, offen heiter, teilnehmend und
mitteilend. Wir schienen allein für die Gesellschaft
zu leben und lebten bloß wechselseitig für uns.«
Wenn sich beim Spielen, beim Pfänderspielen Gelegenheit ergab, seine »so herzlich Geliebte« zu küssen, versäumte er es nicht. Die Familie von Friederike faßte für das Paar ein günstiges Vorurteil »wegen
jenes wunderlichen Enthaltens selbst von unschuldigen Liebkosungen«, man ließ sie »unbeobachtet,
wie es überhaupt dort und damals Sitte war, und es
hing von [ihnen] ab, in kleinerer oder größerer
Gesellschaft die Gegend zu durchstreifen und die
Freunde der Nachbarschaft zu besuchen«, diesseits
und jenseits des Rheins, nach Hagenau, auf den
Ottilienberg, zu den Rheininseln, von denen sie die
Schnaken vertrieben. Diese Schnaken allein, sagte
er dem Pastor, dem Vater von Friederike, könnten
ihn von den Gedanken abbringen, ein guter und
weiser Gott habe die Welt erschaffen. Der alte
fromme Herr meinte, diese Mücken und anderes
Ungeziefer sei erst nach dem Falle unserer ersten
Eltern entstanden oder, wenn deren im Paradiese
gewesen, hätten sie daselbst nur angenehm gesum-
met und nicht gestochen.

»Solchen Zerstreuungen und Heiterkeiten gab

ich mich um so lieber und zwar bis zur Trunkenheit hin, als mich mein leidenschaftliches Verhältnis zu Friederiken nunmehr zu ängstigen anfing.« Er vergleicht die »jugendliche, aufs Geratewohl gehegte Neigung« mit einer in die Nacht geworfenen Bombe. »Friederike blieb sich immer gleich; sie schien nicht zu denken noch denken zu wollen, daß dieses Verhältnis sich so bald endigen könne.«

Daß er in seine Partnerin verliebt war, bekennt er später; doch »spielten«, nach seinen eigenen Worten, »Verstand und Überlegung mit«. »Meine Leidenschaft wuchs, je mehr ich den Wert des trefflichen Mädchens kennen lernte, und die Zeit rückte heran, da ich so viel Liebes und Gutes, vielleicht auf immer, verlieren sollte.«

War das Idyll in Sesenheim noch ein Spiel? Für Friederike Brion gewiß nicht; aber für Goethe, was soll es anderes gewesen sein, auch wenn man annimmt, daß es für Spielernaturen nichts Ernsteres gibt als das Spielen?

»Ob ich dich liebe, weiß ich nicht«

– mit diesem Vers fängt das erste der Sesenheimer Lieder an.

Friederike, ihrerseits, betrachtet sich als mit Goethe verlobt. Obwohl Pastor Brion aus einer Hugenottenfamilie stammt, hat die Pfarre nichts Steifes. Man ist ausgelassen und munter, spielt allerlei Spiele – Versteckspiele, Verkleidungen, Pfänderspiele, bei denen das Pfand ein Kuß ist. Es wird viel

getanzt, auch in den Nachbardörfern, am Pfingst-
montag 1771 »von zwei Uhr nach Tisch bis zwölf
Uhr in der Nacht an einem fort, außer einigen
Intermezzos von Essen und Trinken« – tändeln,
necken und schäkern wohl auch.

Nach mehreren Besuchen verbringt Goethe – der
einundzwanzigjährige Goethe – vier, fünf Wochen
im Mai/Juni 1771 im liberalen Pfarrhaus: ein Bauernhaus, in Fachwerk gebaut, mit einer großen
Scheune daneben. »Man ließ uns unbeobachtet, wie
es überhaupt dort und damals Sitte war.«

Friederike scheint – wenigstens in Goethes späte-
rer Darstellung – den gerngesehenen Gast zum
Spielen zu zweien ermuntert zu haben. Soll sie nicht
gesagt haben: »Gewöhnlich zerstreut man sich einzeln; Scherz und Spiel wird nur obenhin gekostet,
so daß zuletzt für den einen Teil nichts übrig bleibt,
als die Karten zu ergreifen, und für den andern, im
Tanze sich ausrasen.«

Goethe ergänzt: »Wir entwarfen demnach unsern
Plan, was vor und nach Tische geschehen solle,
machten einander wechselseitig mit neuen geselligen Spielen bekannt, waren einig und vergnügt.«

Die Sesenheimer Wochen sind wohl die glücklichsten seines ganzen Lebens gewesen: »grenzenlos
glücklich« war er – trotz des Mißverständnisses, auf
dem dieses Glück beruhte. Wie schade, daß Goethes Briefe an Friederike, die sie sorgfältig aufgehoben hatte, in einer Gestalt auf uns gekommen sind,
die sie unleserlich macht.

Doch ringt Goethe mit dem Aberglauben, der

76

Sorge, der Reue. »Nun kam mir Friederikes Liebe zu mir recht unselig vor, ich wünschte über alle Berge zu sein.«

Am 6. August 1771 promoviert er in Straßburg. Er wird zum Licentiaten der Rechte – nicht zum Doktor, obwohl er sich als »Doktor utriusque juris« unterzeichnet. Am Tage darauf nimmt er Abschied von Sesenheim, doch ohne zu erklären, der Abschied sei endgültig. Ein Fluchtverhalten.

Das Spiel, dieses Spiel, ist aus. Goethe kehrt nach Hause, nach Frankfurt zurück.

Im Mai 1772 kommt Goethe, wie gesehen, nach Wetzlar. Am 9. Juni geht er zu einem Ball in Volpertshausen, wo er Charlotte Buff, die Braut seines Kollegen Kestner, kennenlernt. »Sie gehörte zu denen, die, wenn sie nicht heftige Leidenschaften einflößen, doch ein allgemeines Gefallen zu erregen geschaffen sind. Eine leicht aufgebaute, nett gebildete Gestalt, eine reine gesunde Natur und die daraus entspringende frohe Lebenstätigkeit, eine unbefangene Behandlung des täglich Notwendigen, das alles war ihr zusammen gegeben, [...] Die heiterste Luft wehte in ihrer Umgebung.« Sie »vermittelte ihm die Alltagswelt«. Lotte war »schon versagt«, also – so sagt er – »anspruchslos«. So erleben sie zu dritt, Braut, Bräutigam und Goethe, »eine echt deutsche Idylle«.

Doch beschließt Goethe, den Ort zu verlassen. »Ich trennte mich von Charlotten zwar mit reinerem Gewissen als von Friederiken, aber doch nicht ohne Schmerz.« Dieses Verhältnis war durch Gewohnheit und Nachsicht von seiner Seite »leidenschaftlicher als billig« geworden. So faßte er den Entschluß, sich freiwillig zu entfernen, ehe er durch das Unerträgliche vertrieben würde. Ohne Abschied verläßt er Wetzlar und geht auf Wanderung, die Lahn hinunter.

Bei Frau von Laroche begegnet ihm ihre älteste Tochter, Maximiliane, »eher klein als groß von Gestalt, niedlich gebaut; eine freie anmutige Bildung, die schwärzesten Augen und eine Gesichtsfarbe, die nicht reiner und blühender gedacht werden konnte«. »Hier entstanden sogleich neue Wahlverwandtschaften ... die Töchter fielen mir zu, von denen die älteste mich gar bald besonders anzog.« Er, der eben von Lotte wegging, fühlt sich bald von Maximiliane, »Maxi«, angezogen: »Es ist eine sehr angenehme Empfindung, wenn sich eine neue Leidenschaft in uns zu regen anfängt, ehe die alte noch ganz verklungen ist. So sieht man bei untergehender Sonne gern auf der entgegengesetzten Seite den Mond aufgehen und erfreut sich an dem Doppelglanze der beiden Himmelslichter.«

Die Heldin des Werther-Romans, Lotte nachgebildet, wird jedoch die schwarzen Augen von Maximiliane erhalten.

»Maxi« kommt mit der Mutter nach Frankfurt, wo sie einen italienischen Kaufmann heiratet, Peter Anton Brentano. Goethe würde gern im Hause Brentano verkehren, aber Brentano verschließt ihm die Tür seines Hauses, wohl nicht ohne Grund.

Darauf schreibt Goethe den *Werther* in vier Wochen.

Im Januar 1775 lernt Goethe die Tochter eines Frankfurter Bankiers, Anna Elisabeth Schönemann, kennen. »Es währte nicht lange, daß Lili mir in ruhiger Stunde die Geschichte ihrer Jugend erzählte.« »Sie konnte nicht leugnen, daß sie eine gewisse Gabe, anzuziehen, an sich habe bemerken müssen, womit zugleich eine gewisse Eigenschaft, fahren zu lassen, verbunden sei. Hierdurch gelangten wir im Hin- und Widerreden auf den bedenklichen Punkt, daß sie diese Gabe auch an mir geübt habe, jedoch bestraft worden sei, indem sie auch von mir angezogen worden.« Sie hatte die seltsame Sitte zu »streichen«, d. h., wenn etwas Anstößiges gesagt worden war, wenn »ein Fremder, bei Tafel neben ihr sitzend, etwas Unziemliches vorbrachte. Ohne das holde Gesicht zu verändern, strich sie mit ihrer rechten Hand gar lieblich über das Tischtuch weg und schob alles, was sie mit dieser sanften Bewegung erreichte, gelassen auf den Boden«: Messer, Gabel, Salzfaß. [...] »es war Jedermann erschreckt: die Bedienten liefen zu, Niemand wußte, was das heißen sollte, als die Umsichtigen, die sich erfreuten, daß sie eine Unschicklichkeit auf eine so zierliche Weise erwidert und ausgelöscht.«

Das Gedicht »Lilis Park« gehört in diesen Zu-

sammenhang: »Ist doch keine Menagerie / So bunt
als meiner Lili ihre! / Sie hat darin die wunderbar-
sten Tiere / Und kriegt sie 'rein, weiß selbst nicht
wie... Zu ihren Füßen liegt das Tier.«

> Sie sieht es an: »Ein Ungeheuer! doch drollig!
> Für einen Bären zu mild,
> Für einen Pudel zu wild;
> So zottig, täpsig, knollig!...
> »Allons tout doux! eh la menotte!
> Et faites Serviteur,
> Comme un joli Seigneur.«
> [...]
> Und ich! – Götter, ist's in euren Händen,
> Dieses dumpfe Zauberwerk zu enden...
> Ich fühl's! ich schwör's! Noch hab ich Kraft.

Ein erstes Mal versuchte Goethe von Lili Abschied
zu nehmen und floh nach Süden, in Richtung
Italien. Doch vom Gipfel des Gotthard, da er schon
Italien in der Ferne als gelobtes Land erblickte,
kehrte er nach Frankfurt zurück, weil er »Lili nicht
entbehren konnte«. »Solange ich abwesend war,
glaubte ich an die Trennung, glaubte nicht an die
Scheidung.« Als er aber in die Umgebung Lilis
zurückkam, war es wie »ein unleidliches Fegefeuer,
ein Vorhof der Hölle. [...] Ich entschloß mich daher
abermals zur Flucht«.

Gerade gelegen kam ihm die Einladung des jungen herzoglichen Paares nach Weimar. Er floh zum
zweiten Mal. Während der Flucht notierte er in
seinem Tagebuch gleichsam einen Abschiedsbrief
an Lili: »Lili, adieu! Lili, zum zweitenmal! Das

erstemal schied ich noch hoffnungsvoll, unsere Schicksale zu verbinden. Es hat sich entschieden! *Wir müssen einzeln unsere Rollen ausspielen*«. (Hervorhebung von mir. P. B.)

Im November 1775 ist Goethe in Weimar. Im Juli 1776 hört er aus Frankfurt, Lili sei verlobt. Er schreibt an Frau von Stein: »Gestern Nacht lieg' ich im Bette, schlafe schon halb, Philipp bringt mir einen Brief; dumpfsinnig las ich, daß Lili eine Braut ist, kehre mich um und schlafe fort.«

Hier ist eine Vermutung anzustellen über eine Episode, von der Goethe nur durch den Schleier einer Fiktion berichtet, die aber wohl einem konkreten Erlebnis entspricht. Das Erlebnis wird in den »Briefen aus der Schweiz«, erste Abteilung, erzählt. Diese waren als ein Fragment von *Werthers Reisen* gedacht und sollten »das Herankommen Werthers bis zur Epoche, wo seine Leiden geschildert sind, einigermaßen darstellen«; also eine Vorgeschichte zum Werther-Roman.

Diese Briefe sollen sich unter Werthers Papieren gefunden haben. Vor seiner Begegnung mit Lotte solle er in der Schweiz gewesen sein.

»Frei wären die Schweizer? frei diese wohlhabenden Bürger in den verschlossenen Städten? [...] Was man den Menschen nicht alles weis machen kann! besonders wenn man so ein altes Märchen in Spiritus aufbewahrt.« Werther, der Briefschreibende, ist ein Liebhaber der Malerei, sein »Kunstfreund« desgleichen. Dieser zeigt ihm ein Bild, eine Danae in Lebensgröße. Doch macht ihn das Anblikken des Bildes nicht glücklich, sondern unruhig. Er kennt »die Natur« in Gestalt eines bemoosten Felsens, eines Wasserfalls, eines Baumstamms – aber »vom Meisterstücke der Natur, vom menschlichen Körper, von dem Zusammenhang, der Zusammenstimmung seines Gliederbaues« hat er »nur einen allgemeinen Begriff, der eigentlich gar kein Begriff ist«. Seine Einbildungskraft reicht nicht aus; und eine nackte Frau hat er noch nie gesehen.

»Ich veranlaßte Ferdinanden, zu baden im See; wie herrlich ist mein junger Freund gebildet! welch ein Ebenmaß aller Teile! welch eine Fülle der Form, welch ein Glanz der Jugend! [...] Nun bevölkere ich Wälder, Wiesen und Höhen mit so schönen Gestalten.« Überall sieht er Adonisse und Narzisse...

Dieses erste Erblicken des menschlichen – männlichen – Körpers entspricht einem Erlebnis Goethes, das er in *Dichtung und Wahrheit* erzählt. Im Sommer 1775 waren die Gebrüder Stolberg – Friedrich Leopold Graf zu Stolberg und Christian Graf zu Stolberg – und Graf Haugwitz auf einer Reise in die Schweiz begriffen, in Frankfurt eingetroffen; junge Phantasten, unter denen »von sittlich Ästhetischem nicht die Rede war«. In der Schweiz angekommen, das für »das Land der Freiheit« galt, widerstehen sie nicht der Versuchung, im Züricher See nackt zu baden. »Nackte Körper jedoch leuchten weit«, und die Schweizer nehmen Ärgernis daran. »Die guten harmlosen Jünglinge, welche gar nichts Anstößiges fanden, [...] ganz nackt wie eine heidnische Gottheit sich zu sehen, wurden von Freunden erinnert, dergleichen zu unterlassen.« Von nun an meiden sie »die allzu taghaften See-Ufer« und baden nunmehr im Fluß. »Entfernt von aller Wohnung, ja von allem betretenen Fußpfad«. Doch werden sie von ferne erblickt, wirft man Steine nach ihnen. Der Skandal spricht sich bis zum väterlichen Freund Lavater herum. Die Gebrüder Stolberg verlassen die Schweiz, Goethe bleibt.

Wahrscheinlich hat er dann den zweiten Teil seines Programms ausgeführt, nämlich, nicht nur »Adonis und Narciss«, sondern auch eine Venus zu sehen: »Ich nahm mir fest vor, es koste, was es wolle, ein Mädchen in dem Naturzustande zu se-hen, wie ich meinen Freund gesehen hatte. Wir kamen nach Genf. Sollten in dieser großen Stadt, dacht ich, nicht Mädchen sein, die sich für einen gewissen Preis dem Mann überlassen? Und sollte nicht Eine darunter schön und willig genug sein, meinen Augen ein Fest zu geben?«

Einer Kupplerin erzählt er, er sei ein Maler, habe Landschaften gezeichnet und wolle nun seine heroi-schen Landschaften durch die Gestalten schöner Nymphen erheben. Ein ehrbares Mädchen werde sich nicht leicht dazu entschließen, meinte die Alte, allerdings sei es eine Frage des Preises.

Es ist abgemacht. »Heute werden Sie nicht wohl-feil davon kommen, meint die Alte.« Das Mädchen verlangt (&&&), und mir können Sie auch für meine Bemühung unter (&&) nicht geben.« Aber »so einen

Augenschmaus haben Sie noch nicht gehabt, und
... das Anfühlen haben Sie umsonst«.

In einem kleinen, sauberen, artig möblierten
Zimmer steht ein sehr reinliches Bett, zu der Seite
des Hauptes eine Toilette mit aufgestelltem Spiegel,
zu den Füßen ein Gueridon mit einem dreiarmigen
Leuchter, auf dem schöne helle Kerzen brennen. Er
selbst sitzt auf einem Sessel am Kamin, dem Bett
gegenüber.

Es kommt »ein großes, herrlich gebildetes, schönes Frauenzimmer« herein. Sie tut, als ob sie ihn
nicht sehe.

»Sie fing an, sich auszukleiden; welch eine wunderliche Empfindung, da ein Stück nach dem anderen herabfiel und die Natur, von der fremden Hülle
entkleidet, mir als fremd erschien und beinahe,
möcht' ich sagen, mir einen schauerlichen Eindruck
machte. Ach mein Freund [...]«

»Alle Bewegungen folgten so natürlich auf einander, und doch schienen sie so studiert zu sein.
Reizend war sie, indem sie sich entkleidete, schön,
herrlich schön, als das letzte Gewand fiel. Sie stand,
wie Minerva vor Paris mochte gestanden haben,
bescheiden bestieg sie ihr Lager, unbedeckt versuchte sie in verschiedenen Stellungen sich dem
Schlafe zu übergeben, endlich schien sie entschlum-
mert.«

Dabei bleibt es nicht. Plötzlich vernimmt er ihre
Stimme: »Komm, komm, mein Freund, in meine
Arme, oder ich schlafe wirklich ein.«

Daß dem ein persönliches Erlebnis Goethes zugrunde liegt, ist höchst wahrscheinlich, und dadurch noch wahrscheinlicher, daß die vorhergehende Episode des im See nackt badenden Freundes nicht erfunden, sondern verbürgt ist. Nur hat Goethe, statt Zürich, Genf als die Stadt des Geschehens genannt.

Aus dem ist zu schließen, daß mit 26 Jahren Goethe noch nie eine nackte Frau mit Augen gesehen hatte, was den damaligen Sitten völlig entspricht.

Von Goethes erotischem Leben in Weimar, von seinem Eintreffen November 1775 bis zur Flucht nach Rom im September 1786, weiß man nicht viel Konkretes. Alle Welt kennt die Affäre mit Frau von Stein, man kennt auch den Klatsch am Weimarer Hof. Man kennt auch einige Hinweise in Goethes Briefen an den Herzog Karl August, die vielleicht nicht wörtlich zu nehmen sind. Aber was soll man davon halten?

Fangen wir mit dem Klatsch an. Voss schreibt an seine Braut: »In Weimar geht es erschrecklich zu. Der Herzog läuft mit Göthen wie ein wilder Pursche auf den Dörfern herum, er besauft sich und genießet brüderlich einerlei Mädchen mit ihm.« Ob es auch stimmt, können wir nicht wissen, aber es ist nicht völlig glaubwürdig. Dazu wird Goethe zu vorsichtig gewesen sein.

Eine Frau, eine der ganz wenigen, die in Weimar seiner würdig gewesen wäre, war die Schauspielerin Corona Schröter. Sie war schön, konnte gut malen, vertonte Gedichte von Goethe, sprach vier Sprachen. Als Student hatte Goethe sie in Leipzig bewundert. Im März 1776 ging er nach Leipzig im Auftrag des Fürsten, um Corona Schröter für das Weimarer Liebhabertheater zu gewinnen. Nach der ersten Begegnung schrieb Goethe an Frau von Stein: »Die Schröter ist ein Engel – wenn mir doch Gott so ein Weib bescheren wollte, daß ich Euch könnt' in Frieden lassen – doch sie sieht Dir nicht ähnlich genug.«

Im Herbst 1776 siedelt sich die Schröter in Weimar an, eigentlich bis zu ihrem Tode. Sie ist die einzige gute Schauspielerin, die je die Weimarer Bühne betrat. Sie spielte die Titelrolle von Goethes *Iphigenie*, auch in Gesellschaft und auf der Straße: sie ging aus in weißem griechischen Gewand, das sie »mit edler attischer Eleganz« trug, doch mit fleischfarbenem Trikot. Sie war auf ihren guten Ruf bedacht, hatte immer eine beleibte Gesellschafterin bei sich, eine Garde-Dame. Sie spielte Würde und Distanz.

Schauspielerinnen galten als die gegebenen Mätressen der Fürsten; und Karl August war in Corona verliebt. Was konnte da Goethes Perspektive sein? Andererseits war Frau von Stein auf Corona Schröter so sehr eifersüchtig, daß sie am 6. April 1779 zur Aufführung der *Iphigenie*, bei der Goethe den Orest spielte, einfach nicht hinging. Gleichfalls blieb sie der Aufführung des Singspiels *Die Fischerin*, mit Vertonung von Corona Schröter, am 22. Juli 1782 im Park von Tiefurt, fern.

Anscheinend haben Goethes Beziehungen zu Corona Schröter immer einen platonischen Charakter
gehabt. Doch meinte Riemer, der Goethe am besten
kannte, dessen Anbetung für Corona Schröter sei
leidenschaftlicher Natur, das Verhältnis zu ihr habe
ihn stärker erregt als das zu Frau von Stein. Das ist
nicht unglaubwürdig.

Schließlich wurde Corona Schröter in den Ruhe-
stand geschickt und mit einer schmalen Pension
abgefunden. Sie zog sich zurück, blieb jedoch in
Weimar, wo sie bald vergessen wurde. Sie starb
einsam in Ilmenau. Es kam kein Kranz aus Weimar.
In Weimar war es nicht Sitte, von Toten oder gar
von Begrabenen zu sprechen.

Bei ihrem Tode, im Jahre 1802, notierte Goethe
in den Annalen, er habe sich gerade nicht in der
Verfassung gefühlt, ihr ein wohlverdientes Denk-
mal zu widmen. Als solches könne das Trauerge-
dicht gelten, das bei dem Abscheiden Miedings, des
Hoftischlers und Theaterdekorateurs, Goethe von
Corona hatte vortragen lassen.

Vielleicht denkt er noch einmal an sie, wenn er
am 10. Februar 1829 Eckermann anvertraut, seine
ersten zehn Jahre in Weimar, also bis zur Reise nach
Italien, seien »durch Liebschaften verdüstert« worden.

Und Charlotte von Stein? Hat die geistige Freund-
schaft eine körperliche Nähe ausgeschlossen?

Oberstallmeisterin Charlotte von Stein, sechs
Jahre älter als Goethe, ist bei Goethes Ankunft in
Weimar schon 34 Jahre alt und hat sieben Kinder zur

Welt gebracht. »Schön kann sie nie gewesen sein«, wird Schiller zehn Jahre später schreiben, »aber ihr Gesicht hat einen sanften Ernst und eine ganz eigene Offenheit.« Sie ist klein, hat feine Gesichtszüge, große dunkle Augen, sie ist »elegant mit Simplizität«, stets weiß gekleidet. Im Vergleich zu ihr sind die sonstigen Damen am »Musenhof in Weimar« nur »flache Kreaturen«.

Die beiden werden von der – kleinen – Gesellschaft in Weimar beobachtet, man weiß alles: daß sie sich fast täglich treffen, dauernd korrespondieren. Von Goethe hat Charlotte 1700 Briefe und Zettel erhalten. Ihre Briefe an ihn hat sie zurückgefordert und vernichtet. Aber man sagt (Schiller wieder einmal, 1787), »daß ihr Umgang ganz rein und untadelhaft sein soll«.

Das ist nicht nur möglich, sondern wahrscheinlich.

Der Ton von Goethes Äußerungen über sie oder in den an sie gerichteten Briefen darf uns nicht irreführen: Die Hauptsache ist, daß er ihr gern schreibt, auch überschwenglich, weil sie ihm ein guter Gesprächspartner ist. Er kann ihr Spinoza vorlesen, dessen Lehre mit ihr besprechen, ihr eine Studie nach Spinoza in die Feder diktieren.

Sie ist gebildet, belesen, kann Verse und Stücke machen. Sie ist eine stark mitempfindende Person. Sie ist lebenserfahren, lebenskundig. Sie ist ohne Leidenschaft. Sie ist in Goethe nicht verliebt, spielt nicht sentimental. Sie ist keine Heiratskandidatin.

Und das ist für Goethe das Allerwichtigste. Er hat immer Panik gehabt und sich dagegen gewehrt, von einer der Damen »in einen Sack gesteckt« zu werden. Diese Vorstellung ist ihm ein Alptraum. Nun: Bei Charlotte von Stein hat er das nicht zu befürchten. Sie meinte selbst, das »Fangen mit Netzen« entspreche ganz und gar nicht ihrer Natur.

Mit einer solchen Partnerin fühlt sich Goethe frei, unverpflichtet, unverbindlich, die »hohe Minne« im Stil des altprovenzalischen *amour courtois* zu spielen. Zehn Jahre lang wird effektiv Charlotte von Stein ihm näher sein als irgendein anderer Mensch in seinem ganzen Leben. An Lavater wird er im Herbst 1780 über sie schreiben: »Sie hat meine Mutter, Schwester und Geliebte nach und nach geerbt und es hat sich ein Band geflochten, wie die Bande der Natur sind.«

Der letzte Vers des *Faust*, »Das Ewig-Weibliche / Zieht uns hinan« ist wohl erst zu verstehen, wenn man Goethes Verhältnis zu Charlotte von Stein – das eben kein »Verhältnis« im üblichen Sinn des Wortes gewesen ist – ins Auge faßt.

Und nun, 1786, die Flucht nach Italien, ohne Charlotte im voraus zu verständigen. Zwei Monate lang, bis zur Ankunft in Rom, führt er für sie ein Reisetagebuch »für später«. Im Augenblick hat er kein sehr reines Gewissen. Erst am 13. Dezember schreibt er ihr aus Rom, er wolle ihr sagen und versichern, er sei ihr nah, »ganz nah«, und daß er sich nur um ihretwillen »des Daseyns freue«. Das empfindet sie aber als literarische Floskel, als Kompliment, und wohl mit Recht. Zwei Jahre wird er wegbleiben und fern von ihr vergnügt leben. Die zwei Jahre hindurch wird die gekränkte Geliebte ihm fast keine Zeile zukommen lassen.

Kann sie das verstehen, diesen heimlichen Aufbruch, diesen Bruch mit Weimar und allem, was der Name Weimar bedeutet? Wer versteht, was die Seidenraupe dazu bewegt, sich in einem gewissen Alter einzuspinnen – dieses innere Bedürfnis, die notwendig gewordene Metamorphose in der Abkapselung der Puppe zu vollbringen? Wird Goethe dem deutschen Wesen nicht vorwerfen, daß »der Deutsche nichts Positives anerkennt und in steter Verwandlung begriffen ist, ohne jedoch zum Schmetterling zu werden«? Er aber will sich aus der Puppe zum »Schmetterling« weiterentwickeln.

Das, was sie nicht verstehen konnte, hätte sie zu verhindern versucht. Dann lieber ihr gegenüber schweigen und sich eine Zeitlang zurückziehen, bis die Wandlung vollzogen ist. So tun auch die Insekten.

Südlich der Alpen atmet Goethe auf. Er ist nun ein freier Mensch. Frei auch hinsichtlich des Geschlechtlichen, das doch zur normalen, ausgewogenen Lebensführung gehört.

Von Italien aus schreibt er dem Herzog von Weimar, dieser habe als *doctor longe experimentissi-*

mum vollkommen recht, daß »eine dergleichen mä-
ßige Bewegung das Gemüt erfrischt und den Körper
in ein köstliches Gleichgewicht bringt«. Das habe er
selbst »mehr als einmal« erfahren, dagegen auch die
Unbequemlichkeit gespürt, »wenn ich mich von dem
breiten Wege auf den engen Pfad der Enthaltsamkeit
und Sicherheit einlisten wollte«. Die Idee ist, daß er
in Rom unter die Askese einen Schlußstrich setzt.

Zum ersten Mal in seinem Leben braucht es nicht
mehr bei flüchtigen Begegnungen zu bleiben; zum
ersten Mal in seinem Leben – er ist bald vierzig – ist
er öffentlich und unbeanstandet im Besitz einer
jungen Frau. Es ist das berühmte Faustina-Erlebnis
– so nennt er die junge Dame, die in den *Römischen
Elegien* besungen wird.

Doch ist wieder einmal die Sache nicht so einfach.

Von »Faustina« ist in der *Italienischen Reise* überhaupt nicht die Rede. Von Goethe selbst gibt es,
außer in den Elegien, keine Angabe über sie. Wir
glauben zu wissen, daß sich Goethe im Januar 1788
»mit einer jungen Witwe einließ«: Hätte er denn
zehn Monate in Italien gewartet, bis es zum erotischen Erlebnis kam?

Die Vorsicht hat gewiß eine Rolle gespielt. Dem
Herzog schrieb er am 3. Februar 1787: »Mit dem
schönen Geschlecht kann man sich hier wie überall
nicht ohne Zeitverlust einlassen. Die Mädchen oder
vielmehr die jungen Frauen, die als Modelle bei den
Malern sich einfinden, sind allerliebst mitunter und
gefällig, sich beschauen und genießen zu lassen. Es

wäre auf diese Weise eine sehr bequeme Lust, wenn die französischen Einflüsse nicht auch dies Paradies unsicher machten.« Am 29. Dezember 1787 schreibt er, die öffentlichen Mädchen seien unsicher wie überall, die unverheirateten Mädchen seien keuscher als irgendwo und erwarteten, daß man sie heirate. Einmal verheiratet... »Ja, man kann fast sagen, daß alle verheirateten Weiber dem zu Gebote stehen, der die Familie erhalten will. [...] Zu naschen ist nur bei denen, die sich unsicher sind als öffentliche Creaturen. Was das Herz betrifft, so gehört es gar nicht in die Terminologie der hiesigen Liebeskanzlei.«

Die Angst vor Geschlechtskrankheiten wird ihm eine gewisse Zurückhaltung nahegelegt haben. In einer Elegie, die in den meisten Ausgaben nicht abgedruckt ist, dichtet er von der Syphilis:

Doch welch ein feindlicher Gott hat uns im Zorn die neue
    Ungeheure Geburt giftigen Schlammes gesandt?
Überall schleicht er sich ein, und in den lieblichsten
                                            Gärtchen
    Lauert tückisch der Wurm, packt den Genießenden an
[...]

Gerade wie Goethe in Italien war, ließ sich der Herzog eine in Holland erworbene »Franzosenkrankheit« von einem Arzt in Mainz mit Quecksilber behandeln.

In der *Italienischen Reise* berichtet Goethe über zwei Begegnungen, die eine in Neapel, die zweite in Rom.

Am 2. Juni 1787 nimmt er Abschied von seinen
Bekannten in Neapel. Er besucht »eine wohlgestal-
tete junge Dame von sehr zarter und sittlicher
Unterhaltung«, eine Herzogin von Giovene, eigentlich eine geb. Freiin von Mudersbach aus Würz-
burg, die mit einem Italiener kurz verheiratet gewesen ist. Sie ist Hofdame der Königin Maria Carolina
und lebt im Königlichen Schloß von Capodimonte
bei Neapel. Sie wohnt in einem großen und hohen
Zimmer. Die beiden unterhalten sich zuerst über
Literatur. Die Dämmerung ist angebrochen. »Wir
gingen im Zimmer auf und ab. [...] Sie stieß einen
Laden auf, und ich erblickte, was man in seinem
Leben nur einmal sieht. [...] Wir standen an einem
Fenster des oberen Geschosses, der Vesuv gerade
vor uns; die herabfließende Lava, deren Flamme bei
längst niedergegangener Sonne schon deutlich glüh-
te und ihren begleitenden Rauch schon zu vergolden
anfing; der Berg gewaltsam tobend [...], übrigens
Meer und Erde, Fels und Wachstum deutlich in der
Abenddämmerung, klar, friedlich, in einer zauber-
haften Ruhe. [...] War unser Gespräch durch dieses
Schauspiel unterbrochen, so nahm es eine desto
gemütlichere Wendung. [...] Die schöne Frau, vom
Monde beleuchtet, als Vordergrund dieses unglaub-
lichen Bildes, schien mir immer schöner zu werden,
ja ihre Lieblichkeit vermehrte sich besonders dadurch, daß ich in diesem südlichen Paradiese eine
sehr angenehme deutsche Mundart vernahm. Ich vergaß, wie spät es war, so daß sie mich zuletzt aufmerksam machte, sie müsse mich, wiewohl ungerne,

entlassen, die Stunde nahe schon, wo ihre Galerien klostermäßig verschlossen würden. Und so schied ich zaudernd von der Ferne und von der Nähe.« Anstatt nach Hause zu gehen, sucht er seinen Freund Kniep auf, sie trinken eine Flasche Wein.

Am Tage darauf fährt er aus Neapel »halb betäubt« hinaus; »vergnügt jedoch, daß weder Reue noch Schmerz hinter mir blieb«.

Die zweite Begegnung ist die mit der »schönen Mailänderin« in Rom. Der Schilderung dieser Episode schickt er folgende Zeilen voraus: »Ich war dem Gelübde, mich durch dergleichen Verhältnisse von meinem Hauptzwecke nicht abhalten zu lassen, vollkommen treu geblieben.«

Dann berichtet er, wie er im Oktober 1787 die Bekanntschaft einer »gar hübschen römischen Nachbarin« macht, die mit ihrer Mutter zusammen wohnt. Mit der Mutter, der Tochter und einer dritten jungen Dame, einer Mailänderin, gehen sie zu einer Art Lottospiel, bei dem Goethe mit der Römerin gemeinsame Kasse macht. »Die beiden Schönen, denn schön durfte man sie wirklich nennen, standen in einem nicht schroffen, aber doch entschiedenen Gegensatz; dunkelbraune Haare die Römerin, hellbraune die Mailänderin; jene braun von Gesichtsfarbe, diese klar, von zarter Haut; diese zugleich mit fast blauen Augen, jene mit braunen; die Römerin einigermaßen ernst, zurückhaltend, die Mailänderin von einem offnen, nicht sowohl ansprechenden, als gleichsam anfragenden Wesen.«

Plötzlich empfindet er, daß sich seine Neigung
für die Mailänderin schon entschieden hat, »blitz-
schnell und eindringlich genug«.

Den nächsten Morgen sitzt er wieder mit den
beiden Mädchen, diesmal allein. »Da vermehrt sich
das Übergewicht auf die Seite der Mailänderin.« Sie
beklagt sich, ungebildet zu sein, »ich gäbe alles
darum, Englisch zu können«. Auf der Stelle gibt ihr
Goethe ihre erste Englischstunde anhand einer eng-
lischen Zeitung, die da liegt.

Doch erfährt er bald, seine kurz erst so liebge-
wonnene Schülerin sei verlobt. Er ist aus dem
Traum geweckt. »Ich hatte Jahre und Erfahrung
hinreichend, um mich, obwohl schmerzhaft, doch
auf der Stelle zusammenzunehmen.« »Es wäre
wunderbar genug, rief ich aus, wenn ein werther-
ähnliches Schicksal dich in Rom aufgesucht hätte,
um dir so bedeutende, bisher wohlbewahrte Zustände zu verderben.«

»Gar bald legte sich auch dieses Verhältnis in
meinem so viel beschäftigten Gemüte wieder zu-
rechte, und zwar auf eine sehr anmutige Weise;
denn indem ich sie als Braut, als künftige Gattin
ansah, erhob sie sich vor meinem Augen aus dem
trivialen Mädchenzustande. [...] Mein Dienst,
wenn man eine freie Aufmerksamkeit so nennen
darf, bezeichnete sich durchaus ohne Zudringlichkeit und beim Begegnen eher mit einer Art von
Ehrfurcht. [...] Die übrige Welt [...] merkte nichts,
[...] und so gingen Tage und Stunden einen ruhigen
behaglichen Gang.«

Die Mailänderin hieß Maddalena Riggi. Sie war damals 23 Jahre alt, wurde von Angelica Kauffmann porträtiert, hatte später in zwei Ehen sieben Söhne und eine Tochter.

Beim Abschied von Rom im April 1788 ist von ihr wieder einmal die Rede. »Man wird es natürlich finden, daß ich bei meinen Abschiedsbesuchen jene anmutige Mailänderin nicht vergaß. Ich hatte die Zeit her von ihr manches Vergnügliche gehört: wie sie mit Angelica immer vertrauter geworden und sich in der höhern Gesellschaft, wohin sie dadurch gelangt, gar gut zu benehmen wisse.«

Er findet sie in ihrer Wohnung, »im reinlichen Morgenkleide, wie ich sie zuerst in Castel Gandolfo gesehen«. Bald tritt der Bruder herein, »und der Abschied schloß sich in freundlicher, mäßiger Prosa«. Eine für Goethe typische Szene folgt darauf.

»Als ich vor die Türe kam, fand ich meinen Wagen ohne den Kutscher, den ein geschäftiger Knabe zu holen lief. Sie sah heraus zum Fenster des Entresol, den sie in einem stattlichen Gebäude bewohnten: es war nicht gar hoch, man hätte geglaubt, sich die Hand reichen zu können.«

Dieser Abschied auf Nimmerwiedersehen, die Unmöglichkeit, sich auch nur die Hand zu reichen, die paar Minuten, bis der Kutscher herkommt – »es war ein wunderbares, zufällig eingeleitetes, durch inneren Drang abgenötigtes lakonisches Schlußbekenntnis der unschuldigsten und zartesten wechselseitigen Gewogenheit, das mir auch deshalb nie aus Sinn und Seele gekommen ist«.

Und nun zur in Goethes Reisebericht völlig ver-
schwiegenen »Faustina«-Episode.

»Faustina« soll die dritte Tochter des Wirtes
Agostino di Giovanni gewesen sein. Sie war 1764
geboren, hatte 1784 geheiratet, aber im selben Jahre
war ihr der Mann gestorben. Vier Jahre später,
1788, erkauft sich Goethe ihre Liebe von der will-
fährigen Mutter:

Sie ergötzt sich an ihm, dem freien, rüstigen Fremden,
[...]
    Freut sich, daß er das Gold nicht wie der Römer
                                bedenkt. [...]
    Mutter und Tochter erfreun sich ihres nordischen
                                Gastes,
    Und der Barbare beherrscht römischen Busen und
                                Leib.

Goethe machte ihre Bekanntschaft im Januar 1788;
das Liebesverhältnis hat höchstens vier Monate
gedauert, denn am 23. April reiste er von Rom ab.
Sie wohnte nicht bei ihm, er suchte sie heimlich auf
und schlich sich zu ihr, zu ihrem kleinen Haus auf
dem Land, bei Nacht und zumindest einmal als
Pfarrer verkleidet. Er gibt ihr das Wort:

»Bist du ohne Bedacht nicht oft bei Mondschein
                                gekommen,
    Grau, im dunkeln Surtout, hinten gerundet das Haar?
Hast du dir scherzend nicht selbst die geistliche Maske
                                gewählet?«

Ein anderes Mal vermißt ihn die Geliebte:

»Warum bist du, Geliebter, nicht heute zur Vigne
                              gekommen?
Einsam, wie ich versprach, wartet' ich oben auf dich.«
· Beste, schon war ich hinein; da sah' ich zum Glücke den
                              Oheim
Neben den Stöcken, bemüht, hin sich und her sich zu
                              drehn.
Schleichend eilt' ich hinaus! – »O, welch ein Irrtum
                              ergriff dich,
Eine Scheuche nur war's, was dich vertrieb! Die
                              Gestalt
Flickten wir emsig zusammen aus alten Kleidern und
                              Rohren.«

Auf das Biographische reduziert wiegt dieses angeb-
lich entscheidende römische Liebeserlebnis für unsere Begriffe recht wenig.

Es gibt jedoch auch eine Möglichkeit, die von der
Goethe-Forschung erwogen, dann aber m. E. vor-
schnell verworfen wurde, nämlich, daß die *Römischen Elegien* in römischem Kostüm – auch wieder
eine Maske! – das Erlebnis mit Christiane Vulpius
darstellen. Die Elegien wurden nämlich nicht in
Rom, sondern nach der Rückreise verfaßt, in Weimar, wo Goethe Christiane bei sich hatte. Zum
ersten Mal genoß er mit ihr die heidnische Liebe
ganz, ohne Einschränkung und ganz bequem: zu
Hause.

Einen Monat nach Goethes Rückkehr aus Italien,
am 12. Juni 1788, nach Weimar, war nämlich die
Schwester des Schriftstellers Christian August

Vulpius mit einer Bittschrift ihres Bruders zu ihm gekommen. Die Geschwister sind unbemittelt und elternlos. Sie ist in einer kleinen Blumenfabrik beschäftigt. Sie bittet um eine Anstellung für ihren Bruder, der »auch schreibt«, was »eben nun nicht die beste Recommandation ist«, meint Goethe.

Christiane Vulpius ist dreiundzwanzig, nicht groß, nicht eben schön, eher hübsch, mit rundem Kinn, runden appetitlichen Wangen, schönen unfrisierten Locken.

Er bestellt sie in sein Gartenhaus, sie wird seine Geliebte und bleibt bei ihm achtundzwanzig Jahre, bis zu ihrem Tode. Ein Sohn, August, wird geboren, vier weitere unglückliche Geburten folgen. Es ist zu vermuten, daß eine Unverträglichkeit der Rhesusfaktoren vorlag. Sie führt seinen Haushalt. Er wird sie später, 1806, heiraten, aber das wäre nicht nötig gewesen: nach zwanzig Jahren eines gemeinschaftlichen Lebens bezeichnet er sie als seine »Freundin und vieljährige Hausgenossin«. Er schreibt: »Das gefällt mir eben an ihr, daß sie nichts von ihrem Wesen aufgibt, sondern bleibt wie sie war.« Er schreibt auch: »Das Reich des Geistes ist für sie nicht vorhanden.«

Als sie am 18. Juni 1816 starb, notierte Goethe in seinem Tagebuch: »Sie verschied gegen Mittag. Leere und Todesstille in und außer mir.«

Obwohl bei der Geburt des Sohnes August der Herzog Pate stand, mokierte sich die Weimarer Gesellschaft, ja selbst Goethes Freund Herder, über die Mesalliance und den unehelichen Sohn. Nicht etwa, daß man in Weimar besonders prüde gewesen wäre; man beanstandete nicht, daß der junge, doch schon berühmte Schiller sich mit seiner erklärten Geliebten Frau von Kalb in Weimar aufhielt. Aber dieses hergelaufene Mädchen...

Bald wird die Weimarer Gesellschaft wissen, was Goethe von ihr hält und in den *Römischen Elegien* ausspricht:

Schöne Damen und ihr, Herren der feineren Welt,
Fraget nach Oheim und Vetter und alten Muhmen und
Tanten;
Und dem gebundnen Gespräch folge das traurige
Spiel.
Auch ihr übrigen fahret mir wohl, in großen und kleinen
Zirkeln, die ihr mich oft nah der Verzweiflung
gebracht. [...]
Die Liebste [soll hier nicht eher Christiane als »Faustina«
gemeint sein?] [...] erkundigt sich nie nach neuer
Märe, sie spähet
Sorglich den Wünschen des Manns, dem sie sich eignete,
nach.

Wichtig ist, in unserem Zusammenhang, daß Christiane das einzige weibliche Wesen ist, mit dem Goethe nicht gespielt hat. Alles andere war in irgendeiner Form ein Spiel: hier nicht. Hier findet Goethes Spielernatur ihre natürliche Grenze.

Nicht etwa, daß Christiane keinen Spaß verstanden hätte, ganz im Gegenteil. Sie ist munter und lebenslustig, sie tanzt auf Dorfbällen, vergnügt sich auf Landpartien mit ihren wenigen Freundinnen, sie pflegt den Umgang mit den Schauspielern und ihren Familien.

Goethes Mutter, die Christiane sehr mag, weil sie ihren Sohn glücklich macht, spricht nur freundlich von ihres Sohnes »Bettschatz«. Sie hört vom üblen Klatsch in Weimar, Christiane gehe während Goethes Abwesenheit fortwährend tanzen. Sie schreibt ihr: »Tantzen Sie immer liebes Weibgen, frölige Menschen die mag ich gern!«

Christiane nimmt es hin, daß Goethe sich wochen-, ja monatelang nach Jena zurückzieht; sie wartet daheim auf seine Rückkehr. Inzwischen hält sie Haus für den »Herrn Geheimrat«. Zum erstenmal empfindet Goethe ein Gefühl, das er nun zur fruchtbaren Arbeit dringend braucht: das Behagen.

Auch scheint Goethe ihr die Treue gehalten zu haben. Den »lieblichen Nebengeschöpfen« hat er kaum noch Aufmerksamkeit geschenkt. Zu diesen »Nebengeschöpfen« gehört Demoiselle Ulrich, eine Waise aus gutem Bürgerhause, die als Gesellschafterin Christianes engagiert worden war. Als Christiane starb, heiratete Fräulein Ulrich den Sekretär und Mitarbeiter Goethes, Riemer, den sie nicht mochte, wohl nur, um in Goethes Nähe zu bleiben.

In einem einzigen uns bekannten Fall hat die Eifersucht Christiane übermannt, wohl nicht ganz unbegründet. Aber das hat eine lange Vorgeschichte.

Vor vielen Jahren, als Goethe aus Wetzlar nach Frankfurt zurückkam, hatte Goethe – wie schon berichtet – bei Madame Laroche ihre Tochter Maximiliane bewundert. »Maxi« hatte dann einen Frankfurter Kaufmann italienischer Herkunft, Pietro Antonio Brentano, geheiratet. Sie war ziemlich früh gestorben, Kinder hinterlassend, unter ihnen die später berühmt gewordenen Bettina und Clemens.

Bettina Brentano hatte in Frankfurt im Jahre 1806 die Bekanntschaft von Goethes Mutter gemacht. Sie verehrte »Frau Rat« und ließ sich von ihr Geschichten aus der Kindheit Wolfgangs erzählen; so die Geschichte des Topfmarkts.

Dabei entstand bei Bettina eine Verehrung des Dichters in Weimar, die ins Überschwengliche ging, lange bevor sie Goethe in Person begegnete. Dem befreundeten Tieck soll sie gesagt haben: »Weißt Du, Tieck, von Goethe muß ich um jeden Preis ein Kind haben – das muß ein Halbgott werden!«

Am 23. April 1807, bei Gelegenheit einer Reise über Weimar, besucht sie Goethe und berichtet seiner Mutter, »Frau Aja«, über diese erste Begegnung.

Bettina war mit einem Empfehlungsbrief Wielands gekommen und ließ sich bei Goethe melden. Die Tür des Wartezimmers, ein Stübchen mit weißen Wänden, ging auf, »und da stand er feierlich ernst und sah mich unverwandten Blickes an; ich streckte die Hände nach ihm, glaub' ich – bald wußt' ich nichts mehr, Goethe fing mich rasch auf an sein Herz. *Armes Kind, hab' ich Sie erschreckt*, das waren die ersten Worte, mit denen seine Stimme mir ins Herz drang; er führte mich in sein Zimmer und setzte mich auf das Sofa gegen sich über.« Aber es ist ihr unmöglich, so wohlerzogen dazusitzen. »Ich sagte plötzlich: hier auf dem Sofa kann ich nicht bleiben und sprang auf. – Nun! sagte er, machen Sie sich's bequem; nun flog ich ihm an den Hals, er zog mich aufs Knie und schloß mich ans Herz. – Still, ganz still war's, alles verging. Ich hatte so lange nicht geschlafen; Jahre waren vergangen in Sehnsucht nach ihm – ich schlief an seiner Brust ein; und da ich aufgewacht war, begann ein neues Leben.«

Bei Wieland schäkert Goethe ein wenig mit ihr in Gesellschaft, schenkt ihr heimlich einen Veilchenstrauß. »Ich nahm heimlich seine Hand und zog sie an mein Herz. [...] Er sagte: hast du solche List, so wirst du auch wohl mich zu fesseln wissen mein Leben lang.«

Der Mutter Goethes schreibt Bettina: »Ich schließe mich an die Epoche der empfindsamen Romane, und komme glücklich im Werther an, wo ich denn gleich die Lotte zur Tür hinauswerfen möchte.«

»Die andern sollen nur keine weiteren Prätensionen machen. Sie frägt zwar, ob ich ihn allein gepachtet habe? – ja, Frau Rat, darauf kann ich Ihr antworten. Ich glaub', daß es eine Art und Weise gibt, jemand zu besitzen, die niemand streitig machen kann; diese üb' ich an Wolfgang, keiner hat es vor mir gekonnt, das weiß ich, trotz allen seinen Liebschaften, von denen Sie mir erzählt. – Vor ihm tu' ich zwar sehr demütig, aber hinter seinem Rücken halte ich ihn fest, und da müßte er stark zappeln, wenn er los will.«

»Stark zappeln« müssen, um sich nicht »fesseln« zu lassen? Goethe hat den Instinkt des wilden Tieres, der ihn von ferne die Schlinge spüren läßt, die man ihm um den Hals legen will.

Goethes Mutter versucht Bettina zu warnen. Am 12. Mai 1808 schreibt sie ihr: »Sei nicht gar zu toll mit meinem Sohn, alles muß in seiner Ordnung bleiben.«

Bettina antwortet zwar: »– Da braucht Sie nicht zu fürchten, daß ich die Ordnung umstoße. Ich häng' mich nicht wie Blei an meinen Schatz, ich bin wie der Mond, der ihm ins Zimmer scheint«, aber »ich würde es ewig bereuen, wenn ich versäumte, was ich das Recht habe zu genießen.«

Am 25. Mai geht von der scharfblickenden Elisabeth Goethe, die ihren Sohn gut kennt und versteht, eine letzte Warnung an Bettina: »Mein Sohn hat mir's wieder geschrieben, ich soll Dir sagen, daß Du ihm schreibst. Schreib' aber ordentlich, Du wirst Dir sonst das ganze Spiel verderben.«

Über den Spieltrieb ihres Sohnes hat Frau Rat am besten Bescheid gewußt.

Wie sieht Bettina aus? Die berühmte Caroline, geborene Michaelis, später die Frau August Wilhelm Schlegels, die als Schellings Gemahlin starb, beschreibt Bettina in einem nicht unbedingt wohlwollenden Brief an ihre Freundin Pauline Gotter vom 1. März 1809: »Innerlich verständig, aber äußerlich ganz töricht, anständig und doch über allen Anstand hinaus, alles was sie ist und tut ist nicht rein natürlich, und doch ist es ihr unmöglich anders zu sein. Sie leidet an dem Brentanoischen Familien- übel: einer zur Natur gewordenen Verschroben- heit. [...] Nicht immer gerät ihr der Witz, und dann kann sie wohl auch grob sein oder lästig. [...] Du wirst neugierig sein zu wissen, ob sie dabei hübsch und jung ist, und da ist wieder drollicht, daß sie weder jung noch alt, weder hübsch noch häßlich, weder wie ein Männlein noch wie ein Fräulein aussieht.«

Im Sommer 1810 ist Bettina Brentano (damals fünfundzwanzig) in Teplitz. Goethe ist da, mit Karl August, Gentz, Fürst von Ligne, Frau von Levet- zow, Fichte usw. Zur Begegnung mit Goethe soll man ihr das Wort lassen.

»Es war in der Abenddämmerung im heißen Augustmonat, er saß am offnen Fenster, ich stand vor ihm und hielt ihn umhalst, der Blick, scharf wie ein Pfeil ihm ins Auge gedrückt, blieb drin haften. Vielleicht weil er's nicht länger ertragen mochte, fragte er ob mir nicht heiß sei, und ob ich nicht wolle, daß mich die Kühlung umwehe; ich nickte, so sagte er: ›mach doch den Busen frei, daß ihm die Abendluft zu gut kommt.‹ – Da ich nichts dagegen sagte, obschon ich roth ward, so öffnete er meine Kleidung und sah mich an und sagt: Das Abendroth hat sich auf Deine Wangen eingebrannt, – und küßte mich auf die Brust, und senkt die Stirne darauf. – Kein Wunder, sagt ich, meine Sonne sinkt mir ja im eigenen Busen unter. – Er sah mich lange an und waren beide still. – Er fragt: Hat Dir noch nie jemand den Busen berührt? – Nein, sage ich, mir selbst ist's so fremd, daß Du mich anrührst. – Da drückte er viele, viele und heftige Küsse mir auf den Hals; mir bangte, er solle mich loslassen und war doch so gewaltig schön, ich mußte lächeln in der Angst, daß mirs galt, diese zückenden Lippen, dies heimliche Atemsuchen, wie der Blitz wars, erschütterte das mich, meine Haare, die sich natürlich locken, hingen herunter. [...] Dann sagte er, so leise erst: ›Du bist wie das Gewitter, die Haare regnen, die Lippen wetterleuchten und die Augen donnern.‹ – Und Du wie Zeus winkst mit den Brauen und der Olymp erzittert. – ›Wenn Du künftig Abends Dich entkleidest und die Sterne leuchten Dir in den Busen wie jetzt, willst Du da meiner Küsse gedenken?‹ – Ja! – ›und willst denken, daß ohne Zahl wie die Sterne ich tausendfach das Siegel meiner Liebe Dir in den Busen drücken möchte?‹« ...

Von dem Brief (ist es ein Brief?) gibt es mehrere Fassungen. Mit Recht vermutet man, dieser Text sei kein echter Brief und sei viel später, nach Goethes und Arnims Tod, geschrieben worden.

Ein Jahr später, 1811, heiratet Bettina den Freund ihres Bruders, Achim von Arnim. Ende August, Anfang September ist das neuvermählte Arnim-Ehepaar in Weimar und verkehrt in Goethes Haus.

Es ergibt sich, wie zu erwarten, die Gelegenheit zu einem peinlichen Zwischenfall. In einer Kunstausstellung begegnet Christiane den Arnims. Da geraten sich die beiden, Christiane und Bettina, in die Haare. Darauf erzählt Bettina überall in Weimar, auf die Beleibtheit von Christiane anspielend (Frau von Schiller nannte Christiane »die dicke Hälfte«): »eine tollgewordene Blutwurst hat mich gebissen«.

Der darauffolgende Bruch zwischen den beiden Häusern wurde erst nach Christianes Tod ausgeglichen.

Goethe notiert in seinem Tagebuch: »Frau von Arnims Zudringlichkeit abgewiesen.«

Das war schon lange fällig. In ein Spiel, das er nicht leitete, oder das ihm aus den Händen zu gleiten drohte, läßt sich Goethe nicht ein.

Ein besonderes Erlebnis wird in einem Gedicht festgehalten, das »Das Tagebuch« heißt. In den meisten Goetheausgaben fehlt es. Erst lange nach Goethes Tod wurde es veröffentlicht, doch wurde die Sonderausgabe 1880 von der preußischen Staatsanwaltschaft, sowie auch die große Kurzsche Goetheausgabe, die es enthielt, als unsittlich konfisziert. Die Wiener Polizei folgte dem preußischen Beispiel und verbot auch eine andere Ausgabe.

Dieses Tagebuch-Gedicht hat Goethe 1810 geschrieben, in Erinnerung an eine frühere Fahrt zur Kur. Mehr weiß man nicht: weder der Ort noch das Datum des Vorkommnisses ist bekannt. Ein Radbruch des Wagens hatte ihn veranlaßt, die Reise zu unterbrechen und in einem Dorfgasthaus zu übernachten. Die Nichte des Wirtes – zu Töchtern und Nichten in Wirtshäusern hat er immer einen Hang gehabt – hat es ihm angetan. Nach Mitternacht kommt sie, wohl nicht aus eigener Initiative, sondern durch ihn ermutigt, auf sein Zimmer und legt sich zu ihm ins Bett. Goethe küßt sie auf Stirn und Mund, doch tritt eine Hemmung auf. Keine Entsagung, sondern ein Versagen. Das Mädchen ist ruhig, »als wenn sie nichts entbehrte«, und schläft ein. Daß sich Goethe selbst verwünscht, sich grinsend verlacht, macht die Sache nicht besser; auch in diesem Sinne ist der Geist willig, doch schwach das Fleisch:

> Verfluchter Knecht, wie unerwecklich liegst du!
> Und deinen Herrn ums schönste Glück betriegst du.

> Doch Meister Iste hat nun seine Grillen
> Und läßt sich nicht befehlen noch verachten,
> Auf einmal ist er da, und ganz im stillen
> Erhebt er sich zu allen seinen Prachten.

Er nimmt die Panne mit Humor – und macht daraus ein Gedicht.

Ist das, wie von einigen gesagt worden ist, ein Schwanengesang? Naht das Alter, und damit die Tugend? Goethe selbst schreibt:

> So sollst du, muntrer Greis,
> Dich nicht betrüben,
> Sind gleich die Haare weiß,
> Doch wirst du lieben.

Und auch:

»Dir wird die Welt, du wirst ihr nie veralten!«

Bei Gelegenheit einer Reise im Sommer 1814 an den Rhein, Main und Neckar begegnet Goethe dem Frankfurter Bankier Johann Jakob von Willemer und seiner »kleinen Gefährtin«, einer Demoiselle Jung, einer Tänzerin österreichischer Herkunft. Marianne ist etwa dreißig. Der Bankier hat ihr Privatunterricht geben lassen, sie hat Sprachen gelernt, Gesangsstunden bekommen, sie spielt Gitarre. Der junge Clemens Brentano kommt zu Willemers in die Gerbermühle, am Wege von Frankfurt nach Offenbach, und schreibt an seinen Freund Arnim: »Die Junge liebte mich, weint oft in meiner Nähe, ich sprach davon mit Willemer, seine Eifersucht vertrieb mich, wir haben uns noch lieb...«

Goethe, der auf der Reise Hammers Übersetzung der Gedichtsammlung des persischen Dichters Hafis, den Divan, mit sich führt und eine neue Reihe von Gedichten nach orientalischem Modell unternimmt, findet in Marianne eine leibhaftige Suleika. Sie stickt ihm türkische Pantoffeln, windet ihm einen Turban aus Musselin um das Haupt. Sie stiften unter sich ein orientalisches Ritual mit einer eigenen symbolischen Sprache. Ein literarisch-erotisches Spiel beginnt. Es entstehen die Gedichte des *West-östlichen Divan*, von denen einige Marianne zu verdanken sind, was sie erst lange nach Goethes Tod bekanntgab. Sie hatte sich gut eingespielt.

Im Sommer 1815 bleibt Goethe etwas länger in der Gerbermühle. Marianne, die Willemer inzwischen geheiratet hat, singt Goethes *Gott und die Bajadere*. Ist sie nicht selbst eine kleine Tänzerin, eine Bajadere gewesen?

Schließlich wird Goethe das symbolische Spiel im Kostüm – noch eine Maskerade – zu heikel. Den *West-östlichen Divan* betrachtet er als abgeschlossen. Wieder einmal flieht er vor dem »drohenden Übel« und nimmt Abschied von Willemers.

Beim Abschied teilt er Marianne mit, beide hätten nun ihre Rolle zu Ende gespielt.

Der junge, geistreiche Reisebegleiter Goethes, Boisserée, der bei dem Abschied gegenwärtig war, notiert in seinen Tagebüchern einen Satz Goethes. Über seine verschiedenen Lieben soll er gesagt haben: »Die Verhältnisse mit Frauen allein können doch das Leben nicht ausfüllen und führen zu gar vielen Verwicklungen, Qualen und Leiden, die uns aufreiben, oder zur vollkommenen Leere.«

Gleich nach dem endgültigen Abschied von Willemers erzählt Boisserée folgendes: Bei Gelegenheit einer Reise von Frankfurt über Karlsruhe nach Weimar essen sie zu Mittag in Hardtheim. Die Gäste werden von einer Kellnerin bedient, die Boisserée nicht hübsch findet. »Der Alte sieht sie immer an«, bemerkt Boisserée. Seinerseits notiert Goethe: »Ein junges, frisches Mädchen bedient uns, ist nicht schön, hat aber verliebte Augen. Kuß.«

In Marienbad zur Kur, lernt der 1822 nunmehr dreiundsiebzigjährige Geheimrat aus Weimar ein junges Mädchen kennen, deren Mutter Goethe vor Zeiten, 1806, in Karlsbad gekannt hat. Die Tochter, Ulrike, ist jetzt neunzehn. Sie weiß nicht einmal, daß der alte Herr ein Dichter ist. Sie hält ihn für »einen großen Gelehrten«, weil er sich mit Wetterbeobachtungen und meteorologischen Phänomenen befaßt, auch Steine sammelt.

Goethe fragt den Arzt, ob ihm eine Heirat bei seinem Alter schaden könne, ob ihn der Arzt für heiratsfähig erachte.

Goethe macht mit 73 Jahren den ersten Heiratsantrag seines Lebens. Richtiger, er läßt ihn durch seinen Freund, den inzwischen zum Großherzog avancierten Karl August, vortragen. Der Großherzog verspricht der Familie Levetzow eine Pension von 10000 Talern für Ulrike, falls der Geheimrat vor ihr sterben sollte. Sie wird die erste Dame am Hofe und in Weimar sein. Goethe schreibt an seine Schwiegertochter, die Schwierigkeiten des Zusammenlebens, die sie beängstigten, könnten behoben werden: Der Großherzog stellt dem »jungen Paar«, d. h. Goethe-Ulrike, ein eigenes Haus zur Verfügung, dem Schloß gegenüber.

Doch hat Ulrike keine Lust zu heiraten. Sie weist den Antrag zurück. Später wird sie auch nicht heiraten: sie stirbt fast hundertjährig als Stiftsfräulein »zum Heiligen Grabe«. Sie sagt, sie habe Goethe »wie einen Vater« liebgehabt. Er war »ein so freundlicher, liebenswürdiger alter Herr«, der sie »sein liebes Töchterchen« nannte. Von Heiraten habe er selber nie gesprochen, weder zu ihr noch zu ihrer Mutter.

Als man sie später fragte, warum sie nie geheiratet und einen Freier nach dem anderen abgewiesen habe, antwortete sie: »Ich hätte mich zu sehr mit ihnen gelangweilt.«

Ist das Goethes Abschied von der Liebe gewesen?

Auf der Heimreise notiert er im Wagen die Verse der Marienbader Elegie:

Der Kuß, der letzte, grausam süß, zerschneidend
Ein herrliches Geflecht verschlungner Minnen.

Im ersten Gedicht der Trilogie der Leidenschaft (die Elegie ist das zweite) heißt es »an Werther«:

Scheiden ist der Tod!

Doch das dritte Gedicht heißt »Aussöhnung«:

Die Leidenschaft bringt Leiden! – Wer beschwichtigt
Beklommnes Herz, das allzuviel verloren?

War das der Abschied von der Liebe? Die alte Glut wird noch eine letzte Flamme werfen. Eine schöne Polin, Madame Szymanowska, Hofpianistin der Zarin, als erste Pianistin der Welt gerühmt, als Komponistin bekannt, ist Goethe im August 1823 in Marienbad begegnet. Er schreibt ihr ins Stammbuch das Gedicht »Aussöhnung« (»Die Leidenschaft bringt Leiden«). Da Madame Szymanowska kein Deutsch versteht, übersetzt er für sie das Gedicht ins Französische. An Zelter schreibt er:

»Die ungeheure Gewalt der Musik auf mich in diesen Tagen! [...] Das Klangreiche der Szymanowska.« Die Musik faltet ihn auseinander, sagt er, wie man eine geballte Faust freundlich aufmacht.

Im November kommt die Szymanowska für ein Konzert nach Weimar. Nach dem Souper wird ein Toast »auf die Erinnerung« ausgebracht. Goethe improvisiert eine Abschiedsrede für die Szymanowska: »Erinnerung, [...] das ist nur eine unbeholfene Art, sich auszudrücken! Was uns irgend Großes, Schönes, Bedeutendes begegnet, muß nicht erst von außen her wieder erinnert, gleichsam erjagt werden, es muß sich vielmehr gleich vom Anfang her in unser Inneres verweben, mit ihm Eins werden.[...] Es gibt kein Vergangenes, nur ein ewig Neues, das sich aus den erweiterten Elementen des Vergangenen gestaltet, die echte Sehnsucht muß stets produktiv sein.«

Als am Tage darauf die Szymanowska von ihm Abschied nimmt, schließt sie Goethe in die Arme, er küßt sie: sein letzter Kuß. Sein Gesicht ist von Tränen überströmt.

Diesmal ist das erotische Spiel aus.

III. Goethe, der Naturforscher

Goethe ist mir als Naturforscher viel näher, viel lebendiger, viel gegenwärtiger, denn als Dichter – sagen wir, als Literat. *Wenn* er nicht seit dem *Werther* (dessen Erfolg auf einem großen Mißverständnis beruht) als Dichter berühmt geworden wäre, hätte er wohl einen ehrbaren Platz in der Geschichte der deutschen Forschung eingenommen, irgendwo zwischen Otto von Guericke und Max Planck. Leider ist unsere Welt nun einmal so beschaffen, daß, wenn sich einer auf mehr als einem Gebiet hervortut, er nicht als »Fachmann«, wie man sagt, anerkannt wird. Als Fachmann gilt jeweils nur derjenige, der nichts anderes kann.

Daß die Resultate, daß Goethes Wissenschaft als Wissen heute zumeist überholt ist, daß einiges – nicht allzu vieles – seitdem falsifiziert wurde, hat keine Bedeutung. Daß vom Wissen der Biologie, ja der Physik (als exakter Wissenschaft) des Anfangs unseres Jahrhunderts nicht viel übrig bleibt, wird auch in Kauf genommen. Das Wissen der Wissenschaft ist eine Ware, die sich nicht lange hält und schnell antiquiert ist. Es spricht nicht gegen sie.

Das Lebendige an der Forschung ist und bleibt die Geste des Forschers, des Menschen im Dialog mit der Natur. In diesem Dialog besteht die Berufung des Menschen, die Ehre des Menschen: die *conditio humana*.

Goethes Dialog mit der Natur, sein nie aufhören-
des Bestreben, die von ihr aufgegebenen Rätsel zu
lösen, hat nie aufgehört. Am 16. April 1825 notierte
Eckermann in seinem Tagebuch: »Er wird nun in
wenigen Jahren achtzig Jahre alt, aber des Forschens
und Erfahrens wird er nicht satt [...], er will immer
weiter, immer weiter! Immer lernen, immer lernen!«

Am Ende von *Faust II*, im fünften Akt, schleichen
sich die vier grauen Weiber, die »der Mangel, die
Schuld, die Sorge, die Not« heißen, bei Faust ein,
sie kündigen ihm den herannahenden Tod an. Faust
spricht sein letztes Wort aus:

> Stünd' ich, Natur, vor dir ein Mann allein,
> Da wär's der Mühe wert, ein Mensch zu sein.

Er schreibt auch: »Die Wissenschaft ist eigentlich
das Vorrecht des Menschen, und wenn er durch sie
immer wieder auf den großen Begriff geleitet wird:
daß das alles nur ein harmonisches Eins, und er doch
auch wieder ein harmonisches Eins sei, so wird
dieser große Begriff weit reicher und voller in ihm
stehen, als wenn er in einem bequemen Mystizis-
mus ruhte, der seine Armut gern in einer respekta-
beln Dunkelheit verbirgt.« (*Naturlehre*, Neapel den
10. Januar 178[7]).

Wie es dazu gekommen, daß der jugendliche
Autor des *Werther*, des *Götz*, des *Urfaust* sich nun
mit Naturwissenschaften befaßt?

Anfang Mai 1776, also gleich im ersten in Weimar verbrachten Frühjahr, ergibt sich die Gelegenheit eines Ritts nach Ilmenau und eines Besuchs des Bergwerks. Der Winter ist lang gewesen, und in Weimar sind die Straßen und Wege den ganzen Winter hindurch so schlecht, daß man durch das Land nicht fahren und kaum reiten kann; Goethe braucht Bewegung.

Fast einen Monat (18. Juli–14. August 1776) verbringt er in Ilmenau und Umgebung, um sich an Ort und Stelle Gedanken über die Wiederaufnahme des Bergbaus zu machen. Bergmeister von Trebra begleitet ihn.

Dies gibt Goethe Anlaß zum Betreiben geologischer und mineralogischer Studien, die ihn fortan in Anspruch nehmen werden.

Der Plan, das alte Bergwerk wieder in Gang zu setzen, taucht auf: waren doch die Sachsenkaiser durch ihre Silberbergwerke im Harz reich und mächtig geworden! Wenn sich Silber in Ilmenau auftreiben ließe, vielleicht wäre die Finanznot des Weimarer Herzogtums zu beheben?

Eine Bergwerkkommission wird geschaffen; Goethe wird die Leitung der Kommission anvertraut. Er läßt ein paar Leute aus der Bergakademie in Freiberg kommen, lernt aber selbst Geologie. Die Harzreisen, die er unternimmt, bezwecken, die dort noch florierenden Berg- und Hüttenwerke zu besuchen.

Daß das Ilmenauer Unternehmen viel Geld und Mühe verschlang, daß es steckenblieb und der

Bergbau in Ilmenau nie wiederbelebt wurde, ist in unserer Sicht weniger von Gewicht als das von Goethe neugewonnene Interesse für Geologie und Mineralogie, für Naturerforschung überhaupt, die von nun an seine Haupt- und Lieblingsbeschäftigung sein wird.

Wissenschaft wird er methodisch und angestrengt betreiben, wie er es noch 1830, also mit achtzig Jahren, bekennt: »Wiederholt viele Jahre schaut' ich mir die Felsen des Harzes, des Thüringer Waldes, Fichtelgebirges, Böhmens, der Schweiz und Savoyens an, ehe ich auszusprechen wagte, unser Ur- oder Grundgebirg habe sich aus der ersten großen chaotischen Infusion krystallinisch gebildet. [...] Alles, was ich hier ausspreche, hab' ich wiederholt und anhaltend geschaut; ich habe, damit ja die Bilder im Gedächtnis sich nicht auslöschen, die genauesten Zeichnungen veranstaltet, und so hab' ich, bezüglich auf den Teil der Erde, den ich beobachtet, immer Regelmäßigkeit und Folge, und zwar übereinstimmend an mehreren Orten und Enden, gefunden.«

Nicht dem Dichter des *Werther*, sondern dem Naturforscher zu Ehren wurde ein natürliches Eisenhydroxyd *Goethit* genannt. Dazu sagt Goethe 1817 in seiner stolz-bescheidenen Art: »Wohlwollende Männer [die Herren Kramer und Achenbach] auf dem Westerwald entdecken ein schönes Mineral und nennen es mir zu Lieb' und Ehren *Goethit*. [...] Es hieß auch Rubinglimmer; gegenwärtig kennt man es unter der Bezeichnung Pyrosiderit. [...] Mir

war es genug, daß bei einem so schönen Naturpro-
dukt man auch nur einen Augenblick an mich
gedacht hatte.« Hier täuscht sich Goethe; der Name
wird heute noch gebraucht. In ungeheuren Tage-
bauanlagen des Labrador werden große Mengen
eines Eisenerzes gewonnen, das als *Goethit* bekannt
ist.

Von der Mineralogie und Geologie aus werden
seine Erforschungen Goethe zu anderen Gebieten
der Naturkunde führen: zur Botanik, zur Osteologie, zur Meteorologie, zur Farbenlehre, schließlich
zur Morphologie als einer allgemeinen Lehre der
Naturformen und ihrer Umbildung verstanden.
Dies ist aber gerade heute ein sehr aktuelles wissenschaftliches Thema.

Goethe als Forscher, Goethes Spieltrieb. Man fragt:
Wo ist denn der Zusammenhang? Im Grunde genommen gehören Forschungsgeist und Spieltrieb
zusammen. Es ist ein- und dasselbe. Auch bei
Goethe, nicht nur bei Goethe. Man braucht ihn nur
zu befragen.

Anna-Amalia, Herzogin von Sachsen-Weimar –
die verwitwete Herzogin-Mutter, die bis kurz vor
Goethes Ankunft in Weimar die Regentschaft führte, soll klein und häßlich gewesen sein. Dafür aber
war sie gebildet, malte, komponierte, ließ im Schloß
Theater spielen, berief den Dichter Wieland als
Erzieher ihres Sohnes Karl August – und gründete
schließlich das, was als »der Weimarer Musenhof«

bekannt ist. Sie veröffentlichte eine kleine Zeitschrift, das *Tiefurter Journal*, das 1783 einen nicht sehr umfangreichen, anonymen Text veröffentlichte unter dem Titel *Die Natur. Aphoristisch*. Der erste Satz lautet: »Natur! Wir sind von ihr umgeben und umschlungen – unvermögend, aus ihr herauszutreten, und unvermögend, tiefer in sie hinein zu kommen.«

Dieser Text, durch den ein Jahrhundert später der junge Sigmund Freud in seinem Entschluß bekräftigt werden sollte, Medizin zu studieren; dieser Text, den Stefan Zweig hatte im Luxus-Sonderdruck für seine Freunde edieren lassen; dieser lyrische Text, dem Goethe schelmisch ganze Sätze von Voltaires *Dictionnaire philosophique* einverleibt hatte, war nach seiner Veröffentlichung im *Tiefurter Journal* zunächst verschollen. Als er nach Jahrzehnten ausgegraben wurde und man die Autorschaft Goethes vermutete, fing er damit an, sie zu verleugnen. Er verwies auf einen jungen Schweizer Theologen namens Tobler, was ihm keiner glauben wollte. Später bequemte er sich, ein halbes Geständnis abzulegen. In einem viel späteren (1828!) Schreiben an Kanzler von Müller steht: »Daß ich diese Betrachtungen verfaßt, kann ich mich faktisch zwar nicht erinnern, allein sie stimmen mit den Vorstellungen wohl überein, zu denen sich mein Geist damals ausgebildet hatte. [...] Man sieht die Neigung zu einer Art Pantheismus, indem den Welterscheinungen ein unerforschliches, unbedingt humoristisches, sich selbst widersprechendes Wesen zum Grunde gedacht ist, und mag als Spiel, dem es bitterer Ernst ist, gar wohl gelten.«

Das »humoristische Wesen« der Natur, ein »Spiel, dem es bitterer Ernst ist«: wer sonst hätte solche Worte in solchem Zusammenhang benutzt?

In der Prosa-Hymne *Die Natur* steht: »Sie spielt ein Schauspiel; ob sie es selber sieht, wissen wir nicht, und doch spielt sies für uns, die wir in der Ecke stehen. [...] Die Menschen sind alle in ihr und sie in allen. Mit allen treibt sie ein freundliches Spiel, und freut sich, je mehr man ihr abgewinnt. Sie treibts mit vielen so im Verborgenen, daß sies zu Ende spielt, ehe sies merken.«

Da steht auch: »Ihr Schauspiel ist immer neu, weil sie immer neue Zuschauer schafft. Leben ist ihre schönste Erfindung, und der Tod ist ihr Kunstgriff, viel Leben zu haben.«

Die Natur als Schau-Spiel, der Forscher als Zuschauer... Viele Wörter unseres Wortschatzes weisen darauf hin, daß das Schauen, das Anschauen grundlegend ist. Das Wort *Idee* kommt vom Griechischen *eidos*, von derselben Wurzel wie das Lateinische *videre*. Die *Intuition* ist der Blick auf... Die *Anschauung* (inklusive Weltanschauung!) ist ein Blick auf die Welt. Da das Wort Anschauung im Deutschen verbraucht ist, benutzt Goethe das französische Wort, um die An-schauung zu bezeichnen. Er sagt: ein *Aperçu*.

In Goethes Perspektive – sie ist heute noch gültig – geht das Forschen über das bloße Ansammeln und Ordnen von Fakten weit hinaus. Der Forscher ist kein Wühler, kein Maulwurf – Goethe sagte: die Deutschen graben zu tief! –, sondern einer, der Zusammenhänge erblickt; Zusammenhänge, die nicht heimlich sind, die eigentlich auf der Hand liegen (»das offene Geheimnis«), doch in ihrer Bedeutung noch nicht erkannt worden sind, weil man bis jetzt mit verschlossenen Augen an ihnen vorbeiging. Wer hat den richtigen Blick, die »augenblickliche« Intuition? Lynkeus.

> Zum Sehen geboren,
> Zum Schauen bestellt

ist der echte Forscher. Er wohnt dem Schauspiel der Natur bei, er verfolgt es – als Spiel.

Es läßt sich die These verfechten, daß die moderne westliche Wissenschaft ihren Ursprung im Spiel hat. Das hat schon Huizinga versucht, jedoch ohne die Spezifizität der westlichen Wissenschaft zu berücksichtigen. Ich sehe die Sache etwas anders.

Es wird allgemein anerkannt, daß die Grundsätze der westlichen Wissenschaft auf die Griechen, auf die Vorsokratiker zurückzuführen sind. Wie kamen sie aber auf diese Prinzipien?

Die erste Voraussetzung der Wissenschaft ist ein ungeheures Paradoxon, ein Postulat, das nicht zu beweisen ist, nämlich, daß die Welt ein großes einheitliches Ganzes sei; in Hölderlins von Heraklit ausgehender Formulierung: »Dies gilt, daß allzeit ganz ist die Welt.« Belehrt uns doch die tägliche Erfahrung des Gegenteils, nämlich, wie mannigfaltig und dauernd im Wandel begriffen die empirische

Welt ist: auf einem Baum sind keine zwei Blätter identisch, man badet nicht zweimal im selben Strom... Doch diese Feststellung führt nicht weiter; richtiger, sie führt zu einer Weisheit, nicht zu einem Wissen, wie aus dem Beispiel der orientalischen Philosophien zu ersehen ist.

In der Geschichte des modernen Europa kann man sagen, das an sich absurde Postulat der Einheit der Welt habe sich aus dem Monotheismus des hebräisch-christlichen Glaubens ergeben: Die Einheit der Schöpfung sei durch den Einen Gott als Schöpfer garantiert. Der Übergang vom Monotheismus zur Wissenschaft läßt sich, und nicht zuletzt bei Goethe, aufdecken. Dieser Übergang ist in Spinozas kurzem Satz *Deus, sive natura*, »Gott, oder mit anderem Namen die Natur«, enthalten. Neben Shakespeare und Linné nennt Goethe Spinoza, und die drei als Quellen der höchsten Anregung. Mehr als diese Worte von Spinoza, *Deus, sive natura*, brauchte er nicht zu vernehmen: Sie haben ihn zu einem entschiedenen Monisten gemacht oder dem ihm schon innewohnenden Monismus zum Durchbruch verholfen.

Doch wenn die moderne Entwicklung der westlichen Wissenschaft nicht zuletzt auf den Monotheismus und auf seine Säkularisierung zurückgeführt werden darf, wie ist zu erklären, daß die Grundsätze der modernen Wissenschaft schon bei den Ioniern da waren? Sie waren keine Monotheisten...

Aber sie waren Griechen; Ionier, also Spielernaturen. Sie spielten Brettspiele, etwa das Spiel, das heute bei uns Mühle heißt, scheinbar ein leichtes, tatsächlich aber ein schweres Spiel, wenn Könner aufeinandertreffen. Ein solches in Stein gemeißeltes Spielbrett ist noch oben auf dem Wall um Thessaloniki zu sehen, da, wo die Wachtposten sich mit Spielen die Zeit vertrieben.

Ein Philosoph, Thales (es mag auch ein anderer sein, Heraklit, Parmenides, Anaximander, oder einer, dessen Namen man nicht mehr weiß), sitzt im Schatten einer Platane und spielt Mühle. Sein Partner überlegt sich den nächsten Zug. Thales hat Zeit zum Nachdenken, zur »An-schauung«. Da kommt ihm die »Intuition«. Er sieht...

Um seine »Einsicht« zu verstehen, ist es nützlich zu wissen, daß ein gängiges Denkmodell der Griechen der Formulierung entspricht: x (das Unbekannte) verhält sich zu b, wie sich b zu a verhält; algebraisch ausgedrückt: $a/b = b/x$.

Der Philosoph, der vor dem Spielbrett sitzt und die Steine auf dem Brett hin und her bewegt, *sieht* im Nu, daß die Welt, der Kosmos (der Makrokosmos) einem Spielbrett ähnlich ist, auf dem er, der denkende Mensch, ein Stein ist. Er denkt: »Genauso wie ich, im Mikrokosmos des Spielbretts, die Steine bewege, so werde ich auf dem Spielbrett des Makrokosmos, der Welt, von einer höheren Instanz hin und her geschoben. Bei der Mühle bin ich der Spielende, im Kosmos als Spielbrett bin ich der gespielte Stein. Wer die hohe Instanz ist, die über mich entscheidet, kann ich nicht wissen, nicht einmal vermuten; nennen wir es Schicksal, und es bleibt dabei. *Aber*... wenn es dem Stein verwehrt ist zu wissen, wer ihn spielt, vielleicht ist es nicht ganz unbescheiden, Vermutungen anzustellen über die *Regeln*, nach denen gespielt wird – die Regeln des Spiels, bei dem ich ein Gespieltes bin.«

Diese Spielregeln aber sind nichts anderes als das, was in unserem Sprachgebrauch Naturgesetze heißt. Wenn auf dem Gebiet der Wissenschaften von »Gesetzen« die Rede ist, soll das Wort nur im bildlichen Sinne aufgefaßt werden: es ist eine Entlehnung aus dem juristischen Wortschatz. Man hätte genausogut von »Spielregeln« reden können.

Was sind die Spielregeln der Natur? Das zu ermitteln ist Sinn und Zweck der modernen wissenschaftlichen Forschung.

Vor einigen Jahren fanden zwei Forscher von Beruf, Nobelpreisträger Manfred Eigen und Ruthild Winkler-Oswatitsch, kein besseres Mittel, die »Naturgesetze« auf dem Gebiete der Biologie, bereits auf der Ebene der biologischen Makromoleküle, der Nukleinsäure und Proteine, einem breiten Publikum zugänglich zu machen, als sie als »Spielregeln« von fingierten Brettspielen und als Spielstrategien darzustellen: »Wir sehen das Spiel als das Naturphänomen, das in seiner Dichotomie von Zufall und Notwendigkeit allem Geschehen zugrunde liegt. [...] Der Mensch ist Teilnehmer an einem großen Spiel, dessen Ausgang für ihn offen ist. Er muß seine Fähigkeiten voll entfalten, um sich als Spieler zu behaupten und nicht Spielball des Zufalls zu werden.« (Manfred Eigen/Ruthild

Winkler, *Das Spiel, Naturgesetze steuern den Zufall*, München 1975). Diesen Satz hätte Goethe gern gelesen, er hätte ihn schreiben können.

Goethes wissenschaftliches Denken ist heute keineswegs veraltet, überholt und – wie man nur zu oft meint – uninteressant geworden.

Selbstverständlich ist das *Wissen* seitdem ungeheuer erweitert worden; wie steht es aber mit dem *Verstehen*, d. h. mit dem Denken, das das Wissen begleiten sollte?

Das Stichwort von Goethes wissenschaftlichem Denken ist im Titel seines Hauptwerks auf wissenschaftlichem Gebiet enthalten: *Morphologie, Bildung und Umbildung organischer Naturen.*

Morphologie: die Lehre der Formen, ihrer Bildung und Umbildung. Es ist nicht auszuschließen, daß die nunmehr von der Elektronik unterstützte Formenanalyse zu einer Formenlehre führt, die wir bis jetzt entbehren.

Inwiefern ist das Wort »Gestalt« hier brauchbar? Goethe: »Der Deutsche hat für den Komplex des Daseins eines wirklichen Wesens das Wort *Gestalt*. Er abstrahiert bei diesem Ausdruck von dem Beweglichen. [...] Betrachten wir aber alle Gestalten, besonders die organischen, so finden wir, daß nirgends ein Bestehendes, nirgends ein Ruhendes, ein Abgeschlossenes vorkommt, sondern daß vielmehr Alles in einer steten Bewegung schwanke. [...] Wollen wir also eine Morphologie einleiten, so dürfen wir nicht von Gestalt sprechen. [...] Das Gebildete wird sogleich wieder umgebildet.«

Als er über die Alpen nach Italien fährt, betrachtet er den Himmel und schreibt in seinem Tagebuch für Frau von Stein: »Ich sah das Aufzehren einer Wolke ganz deutlich, sie hing am Berge fest, löste sich mit der größten Langsamkeit auf, kaum daß einige Flocken sichtbar sich ablösten und in die Höhe stiegen, die aber auch gleich verschwanden. Und so verschwand sie nach und nach, und hinter dem Berge bemerkte ich in der Luft ganz leichte, weiße Streifchen, die mir zuletzt auch aus dem Gesicht kamen.«

Als Goethe aus Italien, »dem formreichen«, in »das gestaltlose Deutschland« zurückkehrte, hatte er sich geschmeichelt, sich »auch im wissenschaftlichen Felde [...] eine glückliche Laufbahn zu eröffnen«. Er erlebte eine bittere Enttäuschung. Sein Verleger Göschen lehnte es ab, Goethes kleine wissenschaftliche Schrift zu drucken. Als Goethe es auf eigene Kosten bei einem anderen Verleger drukken ließ, blieb die Schrift völlig unbeachtet. Das Publikum verlangte nämlich, daß jeder in seinem Fach bleibe. »Schuster, bleibe bei deinem Leisten«: Goethe war als Dichter, als Autor des *Werther* berühmt geworden, es wurde erwartet, daß er sich weiter literarisch betätige. »Zu meiner Art, mich auszudrücken, wollte sich Niemand bequemen. Es ist die größte Qual, nicht verstanden zu werden, wenn man, nach großer Bemühung und Anstrengung, sich endlich selbst und die Sache zu verstehen glaubt; es treibt zum Wahnsinn, den Irrtum immer wiederholen zu hören, aus dem man sich mit Not gerettet hat.« Die Freunde enttäuschten ihn: als er ihnen sein wissenschaftliches Werkchen schenkte, mußte er erfahren, daß »nun da das radikale Böse in seiner häßlichsten Gestalt auftritt, als Neid«. »Um die Autorenschaft ist es eine eigene Sache!«

Doch hörte er nicht auf, sich im stillen dem Studium der Naturphänomene zu widmen: »Mit Vergnügen folgte ich dem Grillenspiel der Natur.« (1819)

Der *Morphologie* schickt Goethe einen schwerwiegenden Bibelspruch voraus, aus dem Buch Hiob:

> Siehe, er geht vor mir über,
> ehe ich's gewahr werde,
> und verwandelt sich,
> ehe ich's merke.

Als Eckermann 1830 von ihm Abschied nahm, schrieb ihm Goethe den Hiob-Spruch in das Stammbuch.

Goethe schreibt: »Ich mußte bei meiner alten Art verbleiben, die mich nötigt, alle Naturphänomene in einer gewissen Folge der Entwicklung zu betrachten und die Übergänge vor- und rückwärts aufmerksam zu begleiten. Denn dadurch gelangte ich ganz allein zur lebendigen Übersicht, aus welcher ein Begriff sich bildet, der sodann in aufsteigender Linie der Idee begegnen wird.«

Diese Ansicht – die Natur in steter Wandlung – hat ihn zu verschiedenen Entdeckungen geführt, die hier bloß erwähnt werden sollen.

Die erste ist die Entdeckung des *os intermaxillare*, des Zwischenkieferknochens beim Menschen. Dieser galt nämlich als Unterscheidungszeichen zwischen dem Affen und dem Menschen: jenem wurde er zugeschrieben, diesem abgeleugnet. Die Trennung des Menschen vom Reich der Tiere war eine theologische Forderung, die heute noch in gewissen Kreisen lebendig ist. Seinem Freund Herder teilt Goethe mit: »Ich habe gefunden – weder Gold noch Silber, aber was mir eine unsägliche Freude macht – das *os intermaxillare* am Menschen!« Auch der Mensch hat ein *os intermaxillare*, nur daß es bei ihm mit dem Oberkieferknochen zusammengewachsen ist. Eine feine Sutur zwischen den beiden ist an den meisten Schädeln, besonders jüngeren, sehr deutlich zu sehen.

Goethes zweite Entdeckung auf dem Gebiet der Osteologie ist, daß der Schädel sich aus den Wirbelknochen entwickelt habe. Als Beispiel seines »gegenständlichen Denkens«, einer Verbindung von Anschauung und Nachdenken, erzählt er, wie in einer Zeit, wo ihm die Vorstellung, daß der Schädel aus Wirbelknochen bestehe, nicht fremd war, er die drei hintersten bald erkannt hatte, »aber erst im Jahre 1790, als ich aus dem Sande des dünenhaften Judenkirchhofs von Venedig einen zerschlagenen Schöpsenkopf aufhob, gewahrt' ich augenblicklich, daß die Gesichtsknochen gleichfalls aus Wirbeln abzuleiten seien, indem ich den Übergang vom ersten Flügelbeine zum Siebbeine und den Muscheln ganz deutlich vor Augen sah«. Er hatte vor

Augen »die genetische Entwicklung des Schädels« als »ein Ganzes«.

Auf dem Gebiet der Botanik kommt er zur Überzeugung, »daß die verschieden scheinenden Organe der sprossenden und blühenden Pflanze alle aus einem einzigen, nämlich dem Blatte«, sich erklären lassen, »so haben wir auch diejenigen Früchte welche ihre Samen fest in sich zu verschließen pflegen, aus der Blattgestalt herzuleiten gewagt«. Er verfolgt »das Wechselhafte der Pflanzengestalten«: »Ich ging allen Gestalten, wie sie mir vorkamen, in ihren Veränderungen nach, und so leuchtete mir am letzten Ziel meiner [italienischen] Reise, in Sizilien, die ursprüngliche Identität aller Pflanzenteile vollkommen ein.«

Wohlgemerkt: die »Urpflanze« fällt mit diesem Begriff nicht zusammen, sondern ist eine Steigerung dessen ins Reich der Idee. Es ist für ihn nur eines dieser »Gedankenwesen, *entia rationis*, denen das große Verdienst bleibt, uns auf das Anschauen zurückzuführen«.

In der Klassischen Walpurgisnacht fragt Thales den weisen Alten, Nereus, um Rat. Dieser antwortet:

Hinweg zu Proteus! Fragt den Wundermann:
Wie man entstehn und sich verwandlen kann.
THALES: Wir haben nichts durch diesen Schritt
                                        gewonnen,
Trifft man auch Proteus, gleich ist er zerronnen,
Und steht er euch, so sagt er nur zuletzt,

Was Staunen macht und in Verwirrung setzt.
[...]
Versuchen wir's...
THALES ruft: Wo bist du, Proteus?
PROTEUS (bauchrednerisch, bald nah, bald fern):
Hier! und hier!
THALES: Den alten Scherz verzeih' ich dir...
Gestalt zu wechseln, bleibt noch deine Lust.
[...]
Gib nach dem löblichen Verlangen,
Von vorn die Schöpfung anzufangen!...
Da regst du dich nach ewigen Normen,
Durch tausend, abertausend Formen,
Und bis zum Menschen hast du Zeit.

Bis zum Menschen hast du Zeit... Ein halbes Jahrhundert vor Darwin war Goethe auf dem Wege zur Evolutionstheorie.

Im Sommer 1790 saß Goethe in seinem Garten. Ein Besucher, Johannes Falk, überraschte ihn beim Beobachten einer kleinen lebendigen Schlange in einem Glas, einiger Kokons von eingesponnenen Seidenraupen und eines Feigenbaums. Goethe sagte: »Wir sprechen viel zu viel. Wir sollten weniger sprechen und mehr zeichnen. Ich meinerseits möchte mir das Reden ganz abgewöhnen und wie die bildende Natur in lauter Zeichnungen fortsprechen. Jener Feigenbaum, diese kleine Schlange, der Kokon, der dort vor dem Fenster liegt und seine Zukunft ruhig erwartet, alles das sind inhaltsschwere Signaturen. [...] Je mehr ich darüber nachdenke, es ist etwas so Unnützes, so Müßiges, ich möchte fast sagen Geckenhaftes im Reden. [...] Die Kombinationen in diesem Felde sind unendlich. Man denke sich die Natur, wie sie gleichsam vor einem Spieltische steht und unaufhörlich: verdoppeln! ruft, d. h. mit dem bereits Gewonnenen durch alle Reiche ihres Wirkens glücklich, ja bis ins Unendliche fortspielt. Stein, Tier, Pflanze, alles wird nach einigen solchen Glückswürfen beständig von neuem wieder aufgesetzt, und wer weiß, ob nicht auch der ganze Mensch wieder nur ein Wurf nach einem höhern Ziele ist?«

Dies letzte, nämlich, daß der Mensch nicht unbedingt die »Krone der Schöpfung« (Herder) sei, kein *terminus ad quem*, sondern daß die biologische Evolution auf Erden auch nach ihm weiter geht, ist ein vorgreifender Gedanke, vor dem die Menschen heute noch allgemein zurückscheuen. Ein Gedanke, der Nietzsches Denken in seinem letzten Jahrzehnt beschäftigt hat.

Mutation der Menschheit? Warum nicht?

IV. Divertimenti, Possen, Satiren, Maskenzüge

An den vielen Mißverständnissen um Goethe ist er selbst nicht schuldlos. Aber...

Das überlieferte Bild Goethes, »Goethe, der Dichter«, der größte unter den deutschen Dichtern, ist mißverständlich und hart an der Grenze der Verfälschung. Nicht etwa, daß Goethe kein Dichter gewesen wäre: Das war er *auch*, aber nebenbei. Er war es, insofern es ihm Spaß machte zu schreiben (oder lieber zu diktieren); gut zu schreiben, besser als alle anderen.

Typisch für dieses Mißverständnis ist ein Satz Thomas Manns: »Goethe war bis an sein Lebensende stolz auf dieses sein Jugendwerk [den *Werther*], auf das er sich, neben dem *Faust*, am meisten zugute tat. [...] Der große Lebensvollender hat die problematische Jugendgestalt niemals verleugnet, ihr Schatten hat ihn immer brüderlich begleitet« usw. Dies schlägt dem Tatbestand ins Gesicht, insofern es den *Werther* betrifft.

Goethe war nun eben kein Literat. Literaten waren Madame La Roche, Goethes Schwager Christian August Vulpius. Beide lebten von ihrer Feder, wozu Goethe nie in der Lage gewesen ist. Beruf: Schriftsteller? Nein; Goethe nicht.

Diese Art der Rezeption, diese tief verwurzelte Tradition schadet ihm aber ungemein. Ein Deutscher, der auf einen selbst bescheidenen Grad von Kultur Anspruch erhebt, muß so tun, als ob er den *Werther*, den *Faust* (I, nicht II!), vielleicht den *Wilhelm Meister*, in ganz wenigen Fällen die *Wahlverwandtschaften*, »gelesen« habe, einmal in seinem Leben, zumindest aber die Werke in seiner Bibliothek besitzen. Wenn er die Bücher in die Hand nimmt und darin blättert, langweilt er sich – und mit Recht. Sie *sind* langweilig, wenn man sie so liest, wie man einen Zeitungsartikel liest, und besonders dann, wenn er es eilig hat und flüchtig liest. Und wer hat es heute nicht eilig, wer liest anders?

Goethes Texte haben ein eigenes Tempo, ein viel langsameres Tempo, als das unsere. Es ist aber nicht leicht, sich unter den heutigen Umständen in das Tempo verschollener Zeiten zurückzuversetzen, und ich will es nicht einmal versuchen, dem »Dichter« Goethe Leser zu gewinnen.

Doch läßt sich von Goethe ein ganz anderes, lebendigeres Bild entwerfen als das klassische: Goethe als Person, wie er lebt und webt, wie er zeichnet, beobachtet, notiert, reflektiert, erforscht, sich mit Freunden, mit Unbekannten, mit der Nachwelt unterhält – und nebenbei auch davon eine schriftliche Spur hinterläßt. Solche Züge machen aus ihm eine hintergründige, verwunderliche, höchst lebendige und aktuelle Figur.

Wenn man von den Jugendsünden, dem *Götz* und dem *Werther*, absieht, die er selbst als solche betrachtete, hat Goethe überhaupt nicht als Dichter, noch weniger als Literat, zu schreiben angefangen.

In seiner Zeit, in der Zeit seiner Jugend, galt das Versemachen, das Stückemachen, nicht als Beruf, als Profession. Es war gesellschaftliche Unterhaltung. Jeder machte Verse bei jeder beliebigen, passenden oder unpassenden Gelegenheit. Man führte Tagebücher, besonders auf Reisen, man schrieb Briefe, viele Briefe. Man dichtete für Freunde, für Damen, man verschenkte die Handschrift, nur selten kam es zum Druck – warum denn auch, man hielt sich nicht deswegen für einen »Schrift-Steller«. Das Versemachen gehörte zur Soziabilität, wie das Musizieren, das Tanzen, das Reiten, das Fechten, das Gespräch.

Auch Goethe hat nicht anders angefangen. Richard Friedenthal stellte mit Recht fest, ein eigener Band von seinen Gedichten sei erst 1812 vom 63jährigen Meister publiziert worden: »Der Ruhm Goethes als des größten deutschen Lyrikers ist eine späte Angelegenheit.« Erst im 47. Lebensjahr wurde der *Wilhelm Meister* abgeschlossen.

Bis in die »Hälfte des Lebens« hat sich Goethe (noch einmal, wenn man vom *Werther* absieht, vom *Götz* war nicht lange die Rede) als Autor von arkadischen Schäferspielen, von anakreontischem Getändel, von Gelegenheitsgedichten, von Possen hervorgetan, wo sich »Scherz und Frevel« verbinden, in denen er »die gottlose Art, Alles zu beschreiben« übt. Dem Leser, der selten Gelegenheit hat, in

Goethes sämtlichen Werken nachzuschlagen, sei hier eine chronologische Liste bis 1775 geboten.

Goethes erste Schriften sind poetische Neujahrs-glückwünsche (1756 und 1762), ein Operntext (La Sposa rapita), Bruchstücke eines »Belsazar« (1765), 1767 eine Parodie auf die Dichtweise von Clodius: »An den Kuchenbäcker Händel«. In Leipzig »Lieder mit Melodien, Mlle Friedriken Öser gewidmet«, ein Lustspiel, »Die Laune des Verliebten«, der Entwurf eines Lustspiels, »Die Mitschuldigen«, erst später, in Frankfurt, ausgeführt. Ein paar in Leipzig entstandene Dichtungen hat Goethe später, und wohl mit Recht, vernichtet.

In Straßburg (1770–1771): ein paar Gedichte an Friederike, den Essay »Von deutscher Baukunst«.

1772–1775 ist die Zeit der in *Dichtung und Wahrheit* beschriebenen Lustpartien, Jugendbelustigungen und Gaukeleien verschiedener Art. Die Titel:

1773 – *Das Jahrmarktsfest zu Plundersweilern*, ein Schönbartspiel.

    – *Ein Fastnachtsspiel von Pater Brey, dem falschen Propheten*, Zu Lehr', Nutz und Kurzweil gemeiner Christenheit, insbesonders Frauen und Jungfrauen zum goldnen Spiegel.

    – *Flieh, Täubchen, flieh!* Eine Parodie auf J. G. Jacobis anakreontische Schäferpoesie.

    – *Götter, Helden und Wieland. Eine Farce.* Dramatische Satire, ausgelöst durch Wielands *Alceste.*

    – *Satyros oder der vergötterte Waldteufel.*

1774 – *Prolog zu den neuesten Offenbarungen Gottes,*

eine Satire, die eine Übersetzung des Neuen Testaments durch den Gießener Theologen Dr. Karl Friedrich Bahrdt verspottet.

- *Neueröffnetes moralisch-politisches Puppenspiel.*
- *Geschichte Gottfriedens von Berlichingen mit der eisernen Hand,* dramatisiert.
- *Clavigo.*

1775 - *Hanswursts Hochzeit oder der Lauf der Welt.* Ein mikrokosmisches Drama.
- Das Singspiel *Erwin und Elmire* wird vollendet.
- *Stella,* ein Trauerspiel.
- *Claudine von Villa Bella,* ein Schauspiel mit Gesang.

1774 war ein Wendepunkt eingetreten mit dem Erscheinen eines Pasquills, einer Satire gegen Wieland: *Götter, Helden und Wieland.*

Die Szene spielt im Jenseits, am Ufer des Cocytus, des Stroms, der die Welt der Lebenden und die Welt der Toten trennt. Drüben wandern die Schatten Verstorbener: Euripides und die Helden seiner Tragödie, Admet und seine Gemahlin Alceste. Sie ärgern sich über eine Aufführung, wo sie als »zwei abgeschmackte, gezierte, hagere blasse Püppchen« erscheinen, die »ein Geklingel mit ihren Stimmen machten als die Vögel und zuletzt mit einem traurigen Gekrächz verschwanden«. Dafür ist verantwortlich ein gewisser Wieland, Hofrat und Prinzen-Hofmeister zu Weimar.

WIELANDS Schatten tritt auf, mit der Nachtmütze.

ADMET verteidigt Euripides: Ich will's Euch gestehen, Euripides ist auch ein Poet, und ich hab' mein' Tage die Poeten für nichts mehr gehalten, als sie sind. Aber ein braver Mensch ist Euripides, und unser Landsmann.

WIELAND: Ihr redet wie Leute einer anderen Welt, eine Sprache, deren Worte ich vernehme, deren Sinn ich nicht fasse.

ADMET: Wir reden griechisch! Ist Euch das so unbegreiflich?

HERKULES' Schatten erscheint: Wo ist der Wieland? Da steht er.

Der? Nun, der ist klein genug. Hab' ich mir ihn doch so vorgestellt.

WIELAND, zurückweichend: Ich habe nichts mit Euch zu schaffen, Koloß. Ihr seid ungeheuer. Ich hab' Euch mir niemals so imaginirt. Ich gestehe, das ist der erste Traum, den ich so habe.

WIELAND: Die Tugend, für die mein Herkules Alles tut, alles wagt...

HERKULES: Tugend? Ich hab' das Wort erst hier unten von ein paar albernen Kerls gehört, die keine Rechenschaft davon zu geben wußten.

WIELAND: Ich bin's eben so wenig im Stande. Doch laßt uns darüber keine Worte verderben. Ich wollte, Ihr hättet meine Gedichte gelesen, und Ihr würdet finden, daß ich selbst die Tugend wenig achte. Sie ist ein zweideutiges Ding... Doch muß Tugend was sein, sie muß wo sein.

HERKULES, Tugend und Laster: Wären mir die Weiber begegnet, siehst du, eine unter den Arm, eine unter den, und alle Beide hätten mir fortgemußt.

WIELAND, erwachend: Sie reden, was sie wollen: mögen sie doch reden, was kümmert's mich.

Warum dieser Angriff Goethes gegen Wieland? Goethes naher Freund Knebel gab dafür eine gültige Erklärung: »Es ist ein Bedürfnis seines Geistes, sich Feinde zu machen, mit denen er streiten kann, und dann wird er freilich die Schlechtesten nicht aussuchen.«

Es ist richtig: nicht aus angeborener Feindseligkeit, sondern aus reinem spielerischen, agonistischen Trieb hat er sich immer Gegenspieler ausgesucht, sie provoziert – doch wenige gefunden, die ihm ebenbürtig gewesen wären.

Diesmal aber – und damit tritt in Goethes Leben die Wende ein –, diesmal ist er einem nicht nur ebenbürtigen, sondern überlegenen Partner begegnet. Wieland selbst bezeichnete Goethes Satire als »Meisterstück von Persiflage«, und damit hatte Goethe die Runde verloren. Er sah es ein, daß Wieland damit beim Publikum viel gewinnen werde.

Zur Hanswurstiade: Noch zur Zeit von Goethes Leipziger Studentenjahren gehörte der Hanswurst zur Tradition des deutschen Theaters. Hanswurst, das deutsche Gegenstück zu Shakespeares Clown oder dem französischen Tabarin –, war eine im Mittelalter beliebte Figur, die sich auf der Bühne jahrhundertelang, ja bis in die Haupt- und Staatsaktionen des barocken Zeitalters, zu behaupten wußte. In der Mitte des 18. Jahrhunderts bemühen sich Gottsched und die Neuberin, doch umsonst,

um die Beseitigung des Hanswursts. Goethe ver-
fährt anders: Er läßt ihn heiraten; so wird man wohl
nicht mehr von ihm hören.

Dabei handelte es sich für Goethe nicht um einen
augenblicklichen, gelegentlichen Einfall. Wenn
auch nur ein paar Seiten aus dem Entwurf *Hanswursts Hochzeit oder der Lauf der Welt* erhalten sind, so
erwähnt er ausführlich im 18. Buch von *Dichtung
und Wahrheit* die Arbeit und was damit gemeint war:
»Ich hatte nach Anleitung eines ältern deutschen
Puppen- und Buden-Spiels, ein tolles Fratzenwesen
ersonnen, welches den Titel *Hanswursts Hochzeit*
führen sollte. [...] Der gründliche Scherz ward bis
zur Tollheit gesteigert, daß das sämtliche Personal
des Schauspiels aus lauter deutsch herkömmlichen
Schimpf- und Ekelnamen bestand, wodurch der
Charakter der Einzelnen sogleich ausgesprochen
und das Verhältnis zu einander gegeben war. Da wir
hoffen dürfen, daß Gegenwärtiges in guter Gesellschaft, auch wohl in anständigem Familienkreise
vorgelesen werde, so dürfen wir nicht einmal, wie
doch auf jedem Theater-Anschlag Sitte ist, unsre
Personen der Reihe nach nennen.« Sie heißen nämlich Vetter Schuft, Herr Schurke, aber auch Hans
A. und andere unnennbare Namen. Ein Jahr vor
seinem Tode, am 6. März 1831, las Goethe Eckermann die Fragmente vor, zeigte ihm die Liste der
Personen, die fast drei Seiten umfaßte und gegen
hundert Namen verzeichnete. Er fügte hinzu: »Es
war nicht zu denken, daß ich das Stück hätte fertig
machen können, indem es einen Gipfel von Mutwil-

len voraussetzte, der mich wohl augenblicklich an-
wandelte, aber im Grunde nicht in dem Ernst
meiner Natur lag und auf dem ich mich also nicht
halten konnte. Und dann sind in Deutschland unsere Kreise zu beschränkt, als daß man mit so etwas
hätte hervortreten können. Auf einem breiten Ter-
rain wie Paris mag dergleichen sich herumtum-
meln.«

Doch meint Eckermann, die Szene, die ihm
Goethe vorlas, sei ganz im Tone des *Faust* geschrieben; er bedauerte bloß, daß es »so über alle Grenzen
hinausgehe, daß selbst die Fragmente sich nicht
mitteilen lassen. [...] Wäre das Stück zustande
gekommen, so hätte man die Erfindung bewundern
müssen, der es geglückt, so mannigfaltige symbolische Figuren in eine einzige lebendige Handlung zu
verknüpfen.«

Die Goethe-Forschung hat ganz allgemein verkannt, inwiefern Goethe dem französischen 16.
Jahrhundert eine Zeitlang verpflichtet gewesen ist.
Und doch hatte er seine Schuld abgetragen, als er in
Dichtung und Wahrheit schrieb: »Als ich in den
Jünglingsjahren immer mehr auf die Deutschheit
des sechzehnten Jahrhunderts gewiesen ward, so
schloß ich gar bald auch die Franzosen dieser herrlichen Epoche in diese Neigung mit ein. *Montaigne,
Amiot, Rabelais, Marot* waren meine Freunde und
erregten in mir Anteil und Bewunderung. Alle diese
verschiedenen Elemente bewegten sich nun in meiner Rede chaotisch durcheinander.« Bei näherem
Vergleich stellt sich tatsächlich heraus, wieviel die

Sprache des Urfaust dem Sprachgebrauch des Clé-
ment Marot bis ins Wörtliche verdankt.

Dazu gesellt sich das Moment der Sozialkritik.
»Bei meiner Geschichte mit Gretchen und an den
Folgen derselben hatte ich zeitig in die seltsamen Irr-
gänge geblickt, mit welchen die bürgerliche Societät unterminirt ist. Religion, Sitte, Gesetz, Stand,
Verhältnisse, Gewohnheit, Alles beherrscht nur die
Oberfläche des städtischen Daseins. Die von herrlichen Häusern eingefaßten Straßen werden reinlich
gehalten, und Jedermann beträgt sich daselbst anständig genug; aber im Innern sieht es öfters um
desto wüster aus, und ein glattes Äußere über-
tüncht, als ein schwacher Bewurf, manches mor-
sche Gemäuer, das über Nacht zusammenstürzt
[...]. Wie viele Familien hatte ich nicht schon näher
und ferne durch Bankerotte, Ehescheidungen, ver-
führte Töchter, Morde, Hausdiebstähle, Vergiftun-
gen entweder ins Verderben stürzen oder auf dem
Rande kümmerlich erhalten sehen [...]. Um mir
Luft zu verschaffen, entwarf ich mehrere Schauspiele und schrieb die Expositionen von den meisten. [...] Die *Mitschuldigen* sind das einzig fertig
gewordene, dessen heiteres und burleskes Wesen
auf dem düsteren Familiengrunde als von etwas
Bänglichem begleitet erscheint, so daß es bei der
Vorstellung im Ganzen ängstiget, wenn es im Einzelnen ergötzt.«

Der düstere Hintergrund von Goethes Komödien
darf nicht übersehen werden. Es wäre ein Fehler zu
meinen, hinter den Äußerungen des Spieltriebs sei

nur Leichtheit, Unbeschwertheit zu vermuten: Die Posse, das Lachen ist auch eine Art, sich gegen das Tragische zu wehren und seiner Herr zu werden.

Goethe in Weimar von 1775 bis zum Aufbruch nach Italien 1788: ein Dichter? Nein, ein Hofpoet, ein unterhaltender Spaßmacher. Und doch: Wie es meistens bei Goethe der Fall ist, sind die Bekenntnisse nicht da zu finden, wo man sie erwarten dürfte. Am aufschlußreichsten vielleicht aller Schriften ist eine »Tollheit«, wie er sie in einem Brief an Frau von Stein bezeichnet, eine komische Oper, *Die geflickte Braut*, die später, 1787, in Goethes Werk unter dem Titel *Der Triumph der Empfindsamkeit* aufgenommen wurde, mit dem Untertitel: »Eine dramatische Grille«. Die erste Aufführung fand statt im Weimarer Liebhabertheater am 30. Januar 1778 zum Geburtstag der Herzogin Luise. Goethe übernahm die Hauptrolle, die des Königs Andrason. Das Stichwort gibt Andrason ganz am Ende des 5. Akts: »Eigentlich spielen wir uns selber.«

Goethe spielt »sich selber«, mit den Spielen spielend. Dies verdient einige Aufmerksamkeit, es zeugt von der Bewußtheit des Spieltriebs bei Goethe.

Der Hauptheld, Andrason, den Goethe selbst auf der Bühne spielte, wird als »humoristischer König« bezeichnet. Der empfindsame Prinz liebt die Natur, aber nicht das Leben im Freien: »in den schönsten wärmsten Mondnächten sind die Mücken just am

Unerträglichsten; hat man sich auf dem Rasen seinen Gedanken überlassen, gleich sind die Kleider voll Ameisen.« So hat er sich von seinem *Directeur de la Nature* eine mücken- und spinnenfreie künstliche Natur herstellen lassen, die er, in Koffern wohlverpackt, überall mit sich führt: in einem Kasten sprudelnde Quellen, in einem anderen ist Mondschein, in einem dritten der lieblichste Gesang der Vögel eingepackt.

Das Hoffräulein wird neugierig: »O, wir müssen den Prinzen bitten, daß er uns die Maschinen einmal spielen läßt!« Worauf ein Hofmann: »Ums Himmels Willen, lassen Sie sich nichts merken! Und besonders unter dem Titel von *Spielen* würde der Prinz seine Liebhabereien nicht erkennen. Jeder Mensch, meine schönen Fräulein, treibt seine Liebhabereien sehr ernsthaft, meistens ernsthafter, als seine Geschäfte.«

Der Prinz führt mit sich eine lebensgroße ausgestopfte Puppe, die die Gemahlin des Königs, Mandandane, darstellt; in diese Puppe ist er verliebt. Während seiner Abwesenheit kommt die wirkliche, lebendige Mandandane in die Laube an Stelle der Puppe, nimmt die Maske vor und tut, als ob sie mit Häckerling ausgestopft sei. Ein Orakel warnt, doch zweideutig, den Fürsten: »Wird nicht ein kindisches Spiel vom ernsten Spiele vertrieben...« Der Fürst soll also die geliebte Puppe aufgeben, um die wahre Mandandane zu gewinnen. Er sträubt sich: »Weggeben sollst du Das, was dein ganzes Glück macht; aufgeben, was die Götter wohl Spiel nennen dürfen, weil ihnen die ganze Menschheit ein Spiel zu sein scheint. Dich weggeben!«

Schließlich teilen sich der König und der Prinz die beiden Königinnen, die lebende und die »geflickte Braut«, mit welcher sich der Prinz zufrieden gibt: »Hier (auf die Puppe deutend), hier ist meine Gottheit, die ganz mein Herz nach ihrem Herzen zieht!«

Überall im Laufe der Aktion sind Reflexionen über das Spiel und das Theaterspielen eingestreut.

Ganz am Anfang beschreibt König Andrason die Sentimentalität seiner Gemahlin Mandandane: »Diese Frau, dieses Muster der Liebe und Treue [...] geht im Mondscheine spazieren, schlummert an Wasserfällen und hält weitläufige Unterredungen mit den Nachtigallen. [...] Eins noch, an dem sie großes Vergnügen findet, ist, daß sie Monodramen aufführt.« Was ist ein Monodram? »Wenn Ihr Griechisch könntet, würdet Ihr gleich wissen, daß das ein Schauspiel heißt, wo nur eine Person spielt.« Mit wem spielt sie denn? »Mit sich selbst, das versteht sich.« Pfui, das muß ein langweilig Spiel sein! »Für den Zuschauer wohl. Denn eigentlich ist die Person nicht allein, sie spielt aber doch allein; denn es können noch mehr Personen dabei sein, Liebhaber, Kammerjungfern, Najaden, Oreaden, Hamadryaden, Ehemänner, Hofmeister; aber eigentlich spielt sie für sich, es bleibt ein Monodrama.« Wir wollen auch einmal so spielen! »Laßt's doch gut sein und dankt Gott, daß es noch nicht bis zu euch gekommen ist! Wenn ihr spielen wollt, so spielt zu Zweien wenigstens; das ist seit dem Paradiese her das Üblichste und das Gescheiteste gewesen.«

Am Ende des 5. Akts ruft König Andrason aus: »Ich bin in der größten Verlegenheit. [...] Der fünfte Akt geht zu Ende, und wir sind erst recht verwickelt!« Ein Hoffräulein: »So laßt den sechsten spielen!« Andrason: »Das ist außer aller Art!« Das Hoffräulein: »Ihr seid ein Deutscher, und auf dem deutschen Theater geht Alles an.« Andrason: »Das Publikum dauert mich nur; [...] sie könnten denken, wir wollten sie zum Besten haben.« Das Hoffräulein: »Würden sie sich sehr irren?«

Das Stück schließt mit einem großen Ballett.

Dieser »Grille« sollte man die größte Aufmerksamkeit schenken: es ist Goethes bis zur Frechheit offenstes Bekenntnis. Sein Leben lang hat er »Monodram« spielen müssen, wo er genau wußte, das Eigentliche, das Natürliche, sei das Duodram.

Da findet sich auch ein Wort, daß Goethes Einstellung zum Theater kurz faßt, wenn man den Wink richtig perzipiert. Auf die Frage, ob der Prinz Liebhaber vom Theater sei, antwortet sein Begleiter Merkulo: »Sehr, sehr! Das Theater und unsere Natur sind freilich nahe mit einander verwandt. Dabei ist er ein trefflicher Schauspieler.« Frage: »Haben Sie denn eine Truppe bei sich?« »Das nicht«, antwortet Merkulo. »Wir sind aber Alle eine Art von Komödianten.« Darauf führt er aus – was für Schauspieler nicht überaus schmeichelhaft ist –, der böse römische Kaiser Nero sei öfter auf der Bühne erschienen. »Er taugte von Hause aus nichts, war aber drum doch ein excellenter Schauspieler.«

»*Drum* doch ein excellenter Schauspieler...«: Das Wörtchen *drum*, als Distanzierung zum Schauspielerberuf, spricht Bände.

Im Sommer 1780 improvisierte Goethe eine kleine Farce nach den *Vögeln* des Aristophanes. Während der Arbeit schrieb er an Frau von Stein: »Ich wollte, Sie könnten an Platitüden so eine Freude haben wie ich; das Stück würde Sie herzlich lachen machen.« Die anspruchslose Komödie wurde am 18. August von Liebhabern im Maskenkostüm gespielt, das von Goethe angegeben worden war.

Da findet sich die Spur der Enttäuschung und des Ärgers, die ihm seine Leser bereitet haben. Nach seinem Namen gefragt sagt der Papagei: »Man heißt mich den Leser!« – Den Leser? – »Und von Geschlecht bin ich ein Papagei.« Die Vögel: »Sag uns keine Rätsel! Wir lieben die Deutlichkeit; wir lieben nicht nachzudenken, noch zu raten.« Dies klingt wie eine Mahnung Goethes an diejenigen unter seinen Lesern, die nicht nachzudenken noch zu raten lieben, die »die Deutlichkeit lieben«.

Als Scapin verkleidet, versucht Treufreund den Vögeln aufzubinden, er selbst sei ein Vogel, ein Vogel von den Südseeinseln, der Große Hosenkakkerling, *Epops maximus polycacaromerdicus Linnaei*. (Man merkt, daß Goethe sein Französisch bei dem kleinen Derone gelernt hat.) Es gebe auch einen Kleinen Hosenkackerling, »der ist aber nicht so rar«.

Von *Claudine von Villa Bella* (1775), ein Schauspiel mit Gesang, wie es Goethe bezeichnete, vom kleinen Singspiel *Lila* (Winter 1776–1777), das auf dem Privattheater wiederholt aufgeführt wurde, vom Singspiel *Die Fischerin*, das in Tiefurt unter freiem Himmel am 22. Juli 1782 gespielt wurde, von der Operette im italienischen Geschmack *Scherz, List und Rache*, die im Dezember 1785 aufgeführt wurde (wobei dem Weimarer Publikum mißfiel, daß der Dichter fremde Masken – Scapin, Scapine, den Dottore – gewählt hatte), von dem unvollendeten Singspiel *Die ungleichen Hausgenossen*, ja vom Fragment eines »zweiten Teils« der *Zauberflöte*, wollen wir absehen.

Um das Jahr 1787 hat Goethe an dem gereimten Text für ein Singspiel *Die Mystifizierte* gearbeitet, das aber Fragment blieb, doch 1791 zu dem Prosa-lustspiel *Der Großkophta* umgearbeitet wurde.

Doch wie sollte man vergessen, daß Goethe ein Dutzend Maskenzüge mit Müh und Not zusammenbrachte, um sie in die Gesamtausgabe seiner Werke aufzunehmen, dabei bedauernd, daß ihm einige nicht mehr zur Verfügung standen – ein Zeichen, daß er sie nicht als einen unbeträchtlichen Aspekt seines Werkes ansah.

Aus seiner Einleitung zu der Veröffentlichung seiner Maskenzüge seien hier ein paar Sätze zitiert:

»Die Weimarischen Redouten waren besonders von 1776 an sehr lebhaft und erhielten oft durch Maskenerfindungen einen besonderen Reiz. Der Geburtstag der allverehrten und geliebten regierenden Herzogin fiel auf den 30. Januar, und also in die Mitte der Wintervergnügungen. [...] Leider sind die meisten Programme, so wie die zu den Aufzügen bestimmten und dieselben gewissermaßen erklärenden Gedichte verloren gegangen, und nur wenige werden hier mitgeteilt. Symbolik und Allegorie, Fabel, Gedicht, Historie und Scherz reichten gar mannigfaltigen Stoff und die verschiedensten Formen dar. Vielleicht läßt sich künftig außer dem Vorliegenden noch Einiges auffinden und zusammenstellen.«

Viele Anspielungen sind für uns verlorengegangen, aber der Duft des Spielerischen, des Verspielten ist noch zu spüren, wie der einer getrockneten Rose.

Eine Redoute ist ein öffentlicher Ort, wo man tanzt und sich vergnügt – oder auch der Ball selbst. Ein Privatunternehmer, ein früherer Hofjäger, hatte ein Bühnenhaus erbaut, das »Redoute-Comödienhaus«. Erst 1791 wurde das Hoftheater eröffnet.

Der älteste uns überlieferte Maskenzug heißt *Aufzug des Winters* und fand am 16. Februar 1781 statt. Es defilieren Allegorien: Der Schlaf, Die Nacht (Goethe stellte den Schlaf, Frau von Stein die

Nacht vor), Die Träume, Der Winter – Das Spiel, das die Worte ausspricht:

> Bei Vielen gar gut angeschrieben,
> Find' ich hier manch bekannt Gesicht;
> Doch Einen, dem ich immer treu geblieben,
> Den find' ich nicht.

Dann Der Wein, Die Liebe, Die Tragödie, Die Komödie, Das Carneval, Scapin und Scapine, Pierrot und Pierrette, usw., jeder mit einem sinnigen Wort. Vierzehn Tage früher war dem Maskenzug »Ein Zug Lappländer« vorangegangen.

Am 1. Februar 1782 wurden »Die weiblichen Tugenden« gefeiert, zwei Wochen später kam der »Aufzug der vier Weltalter«, das goldne, das silberne, das eherne und das eiserne Alter. Am Schluß kommt »Die Zeit«:

> Ich führ' euch an. Mir leise nachzugehn,
> Kann auch das Mächtigste nicht widerstehn.
> Der Strom der Wut versiegt in seinem Lauf,
> Und Freud' und Unschuld führ' ich wieder auf.

Zum 30. Januar 1784 war das Thema der Planetentanz: vier Winde, zwölf Himmelszeichen, die Liebe, Leben und Wachstum mit sich bringen. Schließlich naht die Sonne mit ihrem Gefolge, sendet ihre wirksamen Strahlen der Fürstin zum Geschenke – und der feierliche Tanz beginnt.

Nach der durch Goethes Reise nach Italien verursachten Unterbrechung fangen die Maskenzüge im Januar 1798 wieder an. Der Maskenzug zum 30.

Januar 1810 trägt den merkwürdigen Titel »Die romantische Poesie«. Die angeschlagenen Themen haben aber mit der literarischen Bewegung, die diesen Namen trägt, nichts zu tun. Keiner der romantischen Dichter wird erwähnt (auch dies ein Wink). Dafür aber führt ein Herold einen Minnesänger und einen Heldendichter an, die in Stanzen die »bedeutenden mannigfaltigen Gestalten« des Mittelalters, die »vorüberziehenden, teils allegorischen, teils individuellen Gestalten« der mittelalterlichen Folklore und »der modernen Poesie« ankündigen und erklären: Brunehild, Siegfried, eine Prinzessin aus Morgenland, König Rother, den Riesen Asprian, den Zwerg Elberich...

Im September 1818 kam Kaiser Alexander, Zar von Rußland, nach Weimar. Ende des Jahres verbrachte die Kaiserin Maria Feodorowna einen Monat in Weimar; dies war die Gelegenheit zu einem großangelegten Maskenzug, bei dem »einheimische Erzeugnisse der Einbildungskraft und des Nachdenkens« vorgeführt wurden: Wielands *Oberon und Titania* mit Feen und Elfen, die Romanwelt spanischer Rittertage; Goethes *Mahomet, Götz von Berlichingen* und *Faust*, Schillers *Braut von Messina, Wilhelm Tell, Wallenstein*... Die Liste des Personals hat Goethe überliefert: die Rolle des Brautführers spielte Vulpius, eine Zigeunerin Fr. Vulpius, die Tragödie Frl. Schopenhauer, Marthe (aus dem *Faust*) Frau Schopenhauer, den Stauffacher spielte Riemer... Goethe selbst spielte den Mephistopheles.

Er sprach:

Man sagt mir nach, ich sei ein böser Geist;
Doch glaubt es nicht! Fürwahr, ich bin nicht
                              schlimmer,
Als Mancher, der sich doch fürtrefflich preist.
Verstellung, sagt man, sei ein großes Laster,
Doch von Verstellung leben wir;
Drum bin ich hier, ich hoffe, nicht verhaßter
Als Andre jene, vor und hinter mir.

Goethe-Mephistopheles stellt zwei schweigsame
Gestalten vor, Faust als Doctor (von Herrn von
Buchwald gespielt), Faust als Ritter (von Herrn von
Comnenos dargestellt), die aber das Wort nicht
ergreifen. Goethes Kommentar: »Das Personal von
Faust gibt Anlaß zu einem umgekehrten Menäch-
menspiel. [*Die Menächmen*, eine Komödie des Plautus, die auf dem Doppelgängermotiv und den sich
daraus ergebenden Verwechslungsmöglichkeiten
beruht.] Hier sind nicht Zwei, die man für Einen
halten muß, sondern Ein Mann, der im Zweiten
nicht wiederzuerkennen ist. Faust als Doctor, begleitet von Wagner; Faust als Ritter, Gretchen gelei-
tend.« Auf der Bühne weist Goethe-Mephistopheles auf die beiden:

Gequält wär' er sein Lebenlang;
Da fand er mich auf seinem Gang.
Ich macht' ihm deutlich, daß das Leben,
Zum Leben eigentlich gegeben,
Nicht sollt' in Grillen Phantasien
Und Spintisirerei entfliehen.
So lang man lebt, sei man lebendig!
Das fand mein Doktor ganz verständig,

Ließ alsobald sich wohlgefallen,
Mit mir den neuen Weg zu wallen. [...]
In einem Wink, eh man's versah,
Stand er nun freilich anders da;
Vom alten Herrn ist keine Spur,
Das ist Derselbe, glaubt es nur.

Bei Eröffnung des neuen Schauspielhauses zu
Lauchstädt im Juni–Juli 1802 wurde Mozarts »Ti-
tus« gegeben; doch vorher kam ein Vorspiel von
Goethe, »*Was wir bringen*«, das tiefe Sprüche enthält. Zwei alte Bauern, Vater Märten und Mutter
Marthe, in einem alten, baufälligen Bauernhaus,
bekommen Besuch: Merkur, als Reisender verkleidet, und drei Nymphen. Mutter Marthe hält den
Reisenden für einen wandernden Taschenspieler,
wogegen sich der verkleidete Merkur wehrt: »Taschenspieler? Keineswegs, meine Damen! Für eine
jede Kunst, für ein jedes Handwerk hat die Welt
einen Spitznamen, ja für das Edelste und Beste
einen Ekelnamen gefunden. Doch wenn ich mich
selbst ankündigen soll, so bin ich ein Physikus, der
wunderliche Dinge hervorzubringen und darzustellen weiß. Ein Physikus ist verwandt mit dem höchsten Ernst, da mag er ein Philosoph heißen, und mit
dem gemeinsten Spaß, da kann er für einen Taschenspieler gelten.«

Merkur verwandelt das Bauernhaus in einen Palast, die Thüringer Philemon und Baucis in jugend-
lich aussehende, wohlangezogene Oberförster und
Oberförsterin, die sich des Lebens freuen.

Merkur, an den die verliebte Nymphe gelehnt

bleibt, findet seine Lage »sehr bedenklich«, er tritt zurück und läßt die Nymphe die Weisheit aussprechen:

> Wer Großes will, muß sich zusammenraffen.
> In der Beschränkung zeigt sich erst der Meister,
> Und das Gesetz nur kann uns Freiheit geben.

Goethe, ein Taschenspieler? Ja, das auch. Ihm – und uns – gilt das von einer »Pathos« genannten Nymphe gesprochene Schlußwort: »So laßt ihr den doch nur gewähren und seht seinen Scherzen mit Vergnügen zu.«

V. Die *Italienische Reise*

Die *Italienische Reise* ist besonders reich an Masken, Winken und Spielen mit dem Leser. Wer sie immer wieder liest, dem bietet sie immer erneute Aspekte.

Man versetze sich zuerst in das Jahr 1786, das Jahr des Aufbruchs nach Italien. Goethe ist sechsunddreißig Jahre alt, in der Lebensmitte – »nel mezzo del cammin di nostra vita«, sang Dante.

Wie sieht zu diesem Zeitpunkt seine Bilanz aus? Schlecht, sehr schlecht. Am Weimarer Hof ist er nicht viel mehr als ein *maître des plaisirs*, der Maskenzüge und Farcen inszeniert. Alle Dichtung, die er zu schreiben unternommen hat, bleibt unfertig da liegen: der Urfaust, Wilhelm Meisters Theatralische Sendung, eine Prosafassung der Iphigenie, Szenen zu einem Tasso... alles Skizzen. Vom dichterischen Werk, das ihn berühmt gemacht hat, dem *Werther*, distanziert er sich: die enthusiastische Rezeption in Westeuropa beruht auf einem großen Mißverständnis. Goethe hatte gemeint, er habe eine Satire gegen die Empfindsamkeit geschrieben, gegen die Mode der Sentimentalität, die unter dem britischen Einfluß von Sterne und seinem Helden Yorik stand. Doch, »da uns die humoristische Ironie des Briten nicht gegeben war«, entstand in Deutschland »eine leidige Selbstquälerei«, ein Übel, von dem sich Goethe selbst durch das Schreiben des

Büchleins zu befreien gesucht und von dem er seine Zeitgenossen zu befreien gehofft hatte. »Das war aber schwerer, als man denken konnte«, sagt er schlicht in der Kampagne in Frankreich. Das satirische, parodistische Element im *Werther* entging den Deutschen, bis hin zu Thomas Mann.

Es ist zum Verzweifeln. Im Jahr 1786 hat man Goethe als Dichter aufgegeben, er selbst ist seiner Berufung unsicher.

Sein Freund Herder dagegen, fünf Jahre älter, der ein paar Schritt von ihm entfernt wohnt, ist dabei, sein großes anspruchsvolles und epochemachendes Werk, die *Ideen zur Philosophie der Geschichte der Menschheit*, zu veröffentlichen.

Sollte er, Goethe, jetzt sterben – und so sieht jede Zwischenbilanz aus, nicht zuletzt in den eigenen Augen –, würde und müßte er sein Leben als ein verfehltes ansehen. Er ist ein verbummeltes Genie, dessen Berühmtheit einzig und allein auf einem Mißverständnis beruht. Herder dagegen bliebe als der große Mann von europäischer Statur.

Doch gehört Goethe nicht zu den Neidischen. Dazu ist er zu stolz. Lieber schließt er einen Kompromiß, wenn auch einen einseitigen und stillschweigenden, wie ihn nach den Entdeckungsreisen des Kolumbus die Könige von Spanien und Portugal zur Kolonisierung der Neuen Welt geschlossen hatten. Eine Linie war im Ozean gezogen worden: »Dir die östliche, mir die westliche Hälfte der Welt!«

So teilt sich auch Goethe die geistige Welt mit

Herder: »Dir die Geschichte, mir die Natur!« So wird man sich nicht auf die Füße treten.

Eins muß noch bedacht werden: die *Italienische Reise* ist ein fingierter Reisebericht. Das Buch, wie es vorliegt, wurde zwischen 1814 und 1829, also mit einem Abstand von dreißig bis vierzig Jahren, verfaßt. Und die meisten Dokumente – Notizen, Tagebücher, Briefe –, die er benutzt hatte, vernichtete er sorgfältig. Wir haben es also in keiner Weise mit einem spontan entstandenen Text zu tun, sondern mit einer absichts- und kunstvollen, subtil kalkulierten Komposition mit Hunderten von heimlichen, versteckten Absichten, die aufzudecken der Autor dem Leser überläßt. Gerade darin besteht Goethes »freundliches Spiel« mit dem Leser.

Bei solchem Spiel muß man wohl auf das, was er sagt, achtgeben, vielleicht aber noch mehr auf das, was er *nicht* sagt, oder in einen anderen Kontext versetzt hat. Ein regelrechtes Rätselraten.

Von der heimlichen Rivalität mit Herder wird Goethe kein einziges Wort sagen. Ganz im Gegenteil ist Herder der einzige Weimarer Korrespondent, der in der *Italienischen Reise* bei Namen genannt wird; und dies anscheinend mit freundlichster Zustimmung, zumindest im Ton. Der Brief aus Neapel trägt den Titel »An Herder«. Nach Rom zurückgekehrt schreibt Goethe: »Wie sehr mich Herders *Ideen* freuen, kann ich nicht sagen. Da ich keinen Messias zu erwarten habe, so ist mir dies das liebste

Evangelium.« Etwas später: »Herders *Ideen* hab' ich nun durchgelesen. [...] Der Schluß ist herrlich, wahr und erquicklich, und er wird, wie das Buch selbst, erst mit der Zeit und vielleicht unter fremdem Namen den Menschen wohltun.« Schließlich, kurz vor der Abreise aus Rom: »Glück zum vierten Teil der *Ideen*! Der dritte ist uns ein heilig Buch, das ich verschlossen halte.« Aber gleich im nächsten Paragraphen schreibt er auch: »Meine fleißige Vorbereitung im Studio der ganzen Natur [...] hilft mir starke Schritte machen.« Doch ziemlich am Anfang des Buches hatte Goethe festgestellt, daß Herder sich »gegen Mineralogie und Geologie immer spöttisch« gezeigt hatte.

Goethe ist ein wohlerzogener, sehr höflicher Mann mit undeutschen Manieren des 18. Jahrhunderts – »im Deutschen lügt man, wenn man höflich ist« –, aber des Pudels Kern, der geheime Schlüssel zur Entzifferung der *Italienischen Reise* ist die verkappte Polemik. Dieses Buch ist ein gegen Herder und gegen die historisierende Weltanschauung gerichtetes Pamphlet.

Goethes Antihistorismus ist grundlegend. Sein Leben lang (nur vielleicht im letzten Jahrzehnt nicht mehr) hat er das Wort Shakespeares variiert: Geschichte ist *a tale told by an idiot, full of sound and fury, signifying nothing (Macbeth)* – ein Märchen, von einem Schwachsinnigen erzählt, lauter Lärm und Raserei, und sinnlos.

In einem Bruchstück der Autobiographie (*Aus meinem Leben*, Fragmentarisches, Jugendepoche) gesteht er, in seiner Jugend habe er der Weltgeschichte gar nichts abgewinnen können: »Sie wollte mir im Ganzen nicht zu Sinne.«

Zu Kanzler von Müller sagt er: »Ich bin nicht so alt geworden, um mich um die Weltgeschichte zu kümmern, die das Absurdeste ist, was es gibt: ob dieser oder jener stirbt, dieses oder jenes Volk untergeht, ist mir einerlei.« Er nennt sie bei Gelegenheit »ein Gewebe von Unsinn«. In einem von Riemers Hand geschriebenen Entwurf, der vielleicht als Vorwort zur Autobiographie gedacht war, liest man: »Die Biographie sollte sich einen großen Vorrang vor der Geschichte erwerben, indem sie das Individuum lebendig darstellt. [. . .] Man wird nicht müde, Biographien zu lesen so wenig als Reisebeschreibungen: dann lebt man mit Lebendigen. Die Geschichte, selbst die beste, hat immer etwas Leichenhaftes, den Geruch der Todtengruft.«

Goethe »verschmäht« die Geschichte. Dies ist auch, wie man weiter sehen wird, der geheime Sinn von Goethes berühmtem Ausspruch über die Schlacht bei Valmy: »Von hier und heute geht eine neue Epoche der Weltgeschichte aus« usw.

Hier seien einige Beispiele angeführt, die verdeutlichen werden, wie Goethe in der *Italienischen Reise* das Historische zurückdrängt und geflissentlich ignoriert.

Bei der Beschreibung des Amphitheaters zu Verona beeilen sich die Kommentatoren anzumerken, das Amphitheater sei im ersten Jahrhundert unserer

Zeitrechnung erbaut worden. »Genaues Datum umstritten. «

Von den historischen Umständen der Erbauung des Amphitheaters *will* Goethe nichts wissen. Ihn interessiert nur die Frage: Wie entsteht die besondere Form eines solchen Bauwerks? Anders gesagt: das Amphitheater als Naturphänomen. »Wenn irgend etwas Schauwürdiges auf flacher Erde vorgeht und alles zuläuft, suchen die Hintersten auf alle mögliche Weise sich über die Vordersten zu erheben: man tritt auf Bänke, rollt Fässer herbei, fährt mit Wagen heran, legt Bretter hinüber und herüber, besetzt einen benachbarten Hügel, und es bildet sich in der Geschwindigkeit ein Krater. Kommt das Schauspiel öfter auf derselben Stelle vor, so baut man leichte Gerüste für die, so bezahlen können, und die übrige Masse behilft sich, wie sie mag. Dieses allgemeine Bedürfnis zu befriedigen, ist hier die Aufgabe des Architekten. Er bereitet einen solchen Krater durch Kunst, so einfach als nur möglich, damit dessen Zierat das Volk selbst werde.« Hier tritt der Soziologe hinzu: »Wenn [das Volk] sich so beisammen sah, mußte es über sich selbst erstaunen; denn da es sonst nur gewohnt, sich durcheinander laufen zu sehen, sich in einem Gewühle ohne Ordnung und sonderliche Zucht zu finden, so sieht das vielköpfige, vielsinnige, schwankende, hin und her irrende Tier sich zu einem edlen Körper vereinigt, zu einer Einheit bestimmt, in eine Masse verbunden und befestigt, als *eine* Gestalt von *einem* Geiste belebt. Die Simplizität des Oval ist jedem Auge auf die angenehmste Weise fühlbar, und jeder Kopf dient zum Maße, wie ungeheuer das Ganze sei.«

Das menschliche Verhalten als Naturereignis, die Masse als »Tier«... das ist die Perspektive des Biologen.

Ein zweites Beispiel, noch vor der Ankunft in Rom, dem Ziel seiner Reise. Goethe schreibt: »Ich verließ Perugia an einem herrlichen Morgen und fühlte die Seligkeit, wieder allein zu sein. Die Lage der Stadt ist schön, der Anblick des Sees höchst erfreulich. Ich habe mir die Bilder wohl einge-drückt. Der Weg ging erst hinab, dann in einem frohen, an beiden Seiten in der Ferne von Hügeln eingefaßten Tale hin, endlich sah ich Assisi lie-gen.«

»Der Anblick des Sees höchst erfreulich«. Wie der See heißt, erfahren wir nicht. Ist das ein Verse-hen Goethes? Hat er nicht gewußt, wie der See heißt? Hat sein Name nichts zu sagen?

Es handelt sich um den Trasimenischen See. Mit der Geschichte Roms braucht man nicht sehr ver-traut zu sein, um zu wissen, daß dieser Name von großer historischer Bedeutung ist. Durch ihn wird eine der tragischsten Episoden heraufbeschworen: Da wurde im zweiten Punischen Krieg das römische Heer unter Flaminius in einer Schlacht vernichtet, und Rom schien verloren.

Goethe aber, der am Trasimenischen See vorbei-fährt und genau weiß, was der Name bedeutet – seine Reise hat er sorgfältig vorbereitet –, würdigt den See eines wohlwollenden Blickes, aber nur als Landschaft: »der Anblick des Sees höchst erfreulich. Ich habe mir die Bilder wohl eingedrückt.« Absichtsvoll vermeidet er es, den See zu nennen. Kein Versäumnis, sondern eine stillschweigende Manifestation gegen das Historisierende.

Besonders aufschlußreich ist das Sizilien-Kapitel.

Bei der Landung in Sizilien will ihm ein »ungeschickter Führer« umständlich erzählen, »wie Hannibal hier vormals eine Schlacht geliefert und was für ungeheure Kriegstaten an dieser Stelle geschehen«. Goethe verbittet es sich, an derartige Denkwürdigkeiten erinnert zu werden. Unfreundlich weist er den Cicerone und »das fatale Hervorrufen solcher abgeschiedenen Gespenster« zurück. Es sei schon schlimm genug, wenn von Zeit zu Zeit »die Saaten«, das schöne natürliche Wachstum, »wo nicht immer von Elefanten, doch von Pferden und Menschen zerstampft werden müssen. Man solle wenigstens die Einbildungskraft nicht mit solchem Nachgetümmel aus ihrem friedlichen Traume aufschrecken.« Goethe kehrt dem Cicerone den Rükken und geht in das Flußbett Steine sammeln.

Am 2. April ist Goethe in Palermo gelandet. Zehn Tage später, am 13. April, notiert er: »Italien ohne Sizilien macht gar kein Bild in der Seele: hier ist erst der Schlüssel zu Allem.«

Der Schlüssel zu Allem? Ein großes Wort, das des Lesers Neugier anregt, aber auch wieder ein Rätsel – was für ein Schlüssel? Und was meint Goethe mit

»Allem«? Man liest weiter und erwartet, darüber aufgeklärt zu werden.

Doch in den folgenden Zeilen und Seiten ist nur noch vom Klima die Rede, von dem nicht genug Gutes gesagt werden kann, vom Essen und Trinken in Sizilien, vom Öl und vom Wein, vom guten Rindfleisch, von der öffentlichen Begnadigung eines Missetäters, wie sie immer zu Ehren der heilbringenden Osterwoche geschieht... Dann acht Seiten über die Familie des Cagliostro. Vom »Schlüssel zu Allem« wird nie mehr die Rede sein. Rate, wer kann.

Handelt es sich vielleicht um die Urpflanze? Falsch geraten. Tatsächlich berichtet Goethe an anderer Stelle über den öffentlichen Garten in Palermo, wo viele Pflanzen, die er sonst nur in Kübeln und Töpfen oder hinter Glasfenstern gesehen hat, hier froh und frisch unter freiem Himmel wachsen: »Im Angesicht so vielerlei neuen und erneuten Gebildes fiel die alte Grille wieder ein, ob ich nicht unter dieser Schar die Urpflanze entdekken könnte. Eine solche muß es doch geben!« Ist das vielleicht der gesuchte Schlüssel?

Nein, es ist – vielleicht nicht ohne Absicht – eine falsche Fährte, und zwar aus mehreren Gründen. Schon vorher, im botanischen Garten von Padua, hatte er die »Urpflanze« gesucht: »Hier [...] wird jener Gedanke immer lebendiger, daß man sich alle Pflanzengestalten vielleicht aus einer entwickeln könne.« Doch weder in Padua noch in Palermo ist Goethe der »Urpflanze« als konkretem Modell begegnet; auch hat er es wohl nicht eigentlich erwartet: die »Urpflanze« ist ihm ein abstraktes Konzept. Und selbst wenn – die »Urpflanze« kann kaum als »Schlüssel zu Allem« gelten.

Den richtigen Schlüssel kann nur derjenige ausfindig machen, der mit den geologischen Ansichten Goethes und seiner Zeit einigermaßen vertraut ist. Den Schlüssel liefert nämlich das Wort *Kalk*.

Zur Zeit Goethes bewegte der geologische Streit zwischen Vulkanisten und Neptunisten die gelehrte Welt. Diesen Streit hat Goethe selbst in den *Wanderjahren* dargestellt. Wilhelm Meister ist in einem Kreise von Bergleuten: »[. . .] und da war von nichts Geringerem die Rede als von Erschaffung und Entstehung der Welt. Hier [. . .] verwickelte sich ein lebhafter Streit. Mehrere wollten unsere Erdgestaltung aus einer nach und nach sich senkend abnehmenden Wasserbedeckung herleiten; sie führten die Trümmer organischer Meeresbewohner auf den höchsten Bergen sowie auf flachen Hügeln zu ihrem Vorteil an. Andere heftiger dagegen ließen erst glühen und schmelzen, auch durchaus ein Feuer obwalten, das, nachdem es auf der Oberfläche genugsam gewirkt, zuletzt ins Tiefe zurückgezogen, sich noch immer durch die ungestüm sowohl im Meer als auf der Erde wütenden Vulkane betätigte und durch sukzessiven Auswurf und gleichfalls nach und nach überströmende Laven die höchsten Berge bildete.«

Unter Goethes Freunden gehörten der Naturphilosoph Oken und der Geologe Werner zu den

Neptunisten, Alexander von Humboldt zu den Vulkanisten.

Doch war der Gegensatz zwischen den beiden Theorien nicht auf das Gebiet des Geologischen beschränkt, er griff über ins Soziologisch-Politische. Goethe glaubte nicht an Gewalt, denn aus gewaltigen Seismen entsteht nichts Positives, nichts Konstruktives, sondern nur neue Gewalt. Unheil reiht sich an Unheil. Nur langsames Wachstum schafft etwas.

Der geistige Gegensatz zwischen Vulkanisten und Neptunisten griff noch tiefer: die ersten nahmen an, die Erdkruste sei in relativ kurzer Zeit entstanden; die zweiten dagegen rechneten mit viel größeren Zeiträumen. Heute wissen wir, daß es sich tatsächlich um Millionen von Jahren, ja Milliarden, handelt.

Goethe meinte – und das ist der Sinn des *Wilhelm Meister* –, daß die kleinste Zeiteinheit in soziologischen Veränderungen die Generation ist. Zu Eckermann sagte er am 4. Januar 1824: »Weil ich die Revolution haßte, so nannte man mich einen Freund des Bestehenden. Das ist aber ein sehr zweideutiger Titel, den ich mir verbitten möchte. Wenn das Bestehende alles vortrefflich, gut und gerecht wäre, so hätte ich gar nichts dawider. Da aber neben vielem Guten zugleich viel Schlechtes, Ungerechtes und Unvollkommenes besteht, so heißt ein Freund des Bestehenden oft nicht viel weniger als ein Freund des Veralteten und Schlechten. Die Zeit aber ist in ewigem Fortschritt begriffen, und die menschlichen Dinge haben alle fünfzig Jahre eine andere Gestalt, so daß eine Einrichtung, die im Jahre 1800 eine Vollkommenheit war, schon im Jahre 1850 vielleicht ein Gebrechen ist.«

In *Faust II* kommt Goethe ein letztes Mal auf die grundlegende geologische Antithese zurück.

In der klassischen Walpurgisnacht wird der Vulkanismus von Anaxagoras, der Neptunismus von Thales vertreten. Es sei daran erinnert, daß sechshundert Jahre vor unserer Zeitrechnung der Ionier Thales von Milet die Ansicht vertrat, das Wasser sei der Urstoff und Ursprung aller Dinge; heute vertreten Physiker die Ansicht, der Urstoff sei nicht gerade das Wasser, sondern der Wasserstoff. Als Verfechter des Vulkanismus behauptet Goethes Anaxagoras:

> Durch Feuerdunst ist dieser Fels zu Handen.

Und der bramarbasierende Seismos brüstet sich, mit den Bergen Pelion und Ossa Ball gespielt zu haben, den Parnass aus dem Abgrund emporgehoben zu haben:

> Das hab' ich ganz allein vermittelt,
> Man wird mir's endlich zugestehn;
> Und hätt' ich nicht geschüttelt und gerüttelt,
> Wie wäre diese Welt so schön?

Darauf Thales, ruhig, doch entschieden:

> Alles ist aus dem Wasser entsprungen!

Wo aber läßt sich in Reichweite eines Reisenden die Richtigkeit der einen oder der anderen Theorie besser prüfen als in Sizilien, im Bereich des größten westeuropäischen Vulkans? *Wenn* da, ausgerechnet da, im Ozean im Laufe von Jahrtausenden entstandene Kalkablagerungen vorhanden sind, *dann* ist der Streit entschieden: die Neptunisten haben recht, und dann nicht nur auf dem Gebiet der Geologie, sondern weit darüber hinaus. Hier, in Siziliens Kalk (wenn überhaupt Kalk vorhanden ist), ist wirklich »der Schlüssel zu allem« zu suchen und zu finden.

Kaum in Palermo gelandet, hatte Goethe dem Führer, der von Hannibals Elefanten erzählen wollte, nicht zuhören wollen. Er versuchte, ihm – oder vielleicht seinem Leser – zu erklären, ein Geologe könne sich von einer gebirgigen Gegend nicht schneller einen Begriff machen, als wenn er die Gesteinsarten untersucht, die in den Bächen herabgeschoben werden, »und daß hier eine Aufgabe sei, durch Trümmer sich eine Vorstellung von jenen ewigen klassischen Höhen des Erdaltertums zu verschaffen«.

Auf den seichten Stellen des Flußbetts sucht Goethe nach Steinchen, sammelt sie und trägt sie nach Hause.

»Auch war meine Ausbeute aus diesem Flusse reich genug, ich brachte beinahe vierzig Stücke zusammen, welche sich in wenige Rubriken unterordnen ließen. [...] Jaspis, Hornstein, Tonschiefer. [...] Ferner kamen viele Abänderungen des älteren *Kalks** vor, nicht weniger Breccien, deren Bindemittel *Kalk*, die verbundenen Steine aber bald Jaspis,

---

* Die Kursivierung und die folgenden stammen nicht von Goethe. P. B.

bald *Kalk* waren. Auch fehlte es nicht an Geschieben von *Muschelkalk*.«

»Die Plaine, worauf Palermo liegt [. . .] hat im Grunde *Muschelkalk*, woraus die Stadt gebaut ist, daher man auch große Steinbrüche in diesen Lagen findet.«

»Der Monte Pellegrino hebt sich aus allem diesem hervor; er ist ein älterer *Kalk* [. . .]. Er besteht aus einem grauen *Kalkstein* der früheren Epoche.«

Goethe besucht das Kloster San Martin in Monreale. Ob man ihm die herrlichen heute berühmten Mosaiken gezeigt hat? Er erwähnt sie nicht. Aber er notiert: »Der Weg nach San Martin geht das ältere *Kalkgebirg'* hinauf. Man zertrümmert die Felsen und brennt *Kalk* daraus, der sehr weiß wird. [. . .] Hier entsteht nun die *Calcara*.«

Er reitet ins Innere der Insel und notiert, wie sein Begleiter Kniep sich nicht enthält, »wilde *Kalkfelsen*« zu zeichnen.

»Von Alcamo auf Castel Vetrano kommt man am *Kalkgebirge* her über Kieshügel. Zwischen den steilen, unfruchtbaren *Kalkbergen* weite, hüglige Täler, alles bebaut, aber fast kein Baum. [. . .] Salemi blieb uns eine Stunde rechts, hier kamen wir über Gipsfelsen, dem *Kalke* vorliegend, das Erdreich immer trefflicher gemischt.«

Bei Sciacca gelangt man »ans Ufer des Meers, dort ragen mitunter *Kalkfelsen* hervor«. Girgenti (Agrigent): »Das Meer rollt hier nur *Kalkgeschiebe* [. . .]. Ich beobachtete die kleinen Flüsse; Calata Bellotta und Maccasoli bringen auch nur *Kalkgeschie-*

be, Platani gelben Marmor und Feuersteine, die ewigen Begleiter dieses edlern *Kalkgesteins.*« »Der Tempel steht gegenwärtig auf einem verwitterten Felsen; von hier aus erstreckten sich die Stadtmauern gerade ostwärts auf einem *Kalklager* hin. [...] Sieht man freilich den so leicht sich bröckelnden *Muschelkalk* der Säulen und Mauern, so wundert man sich, daß er noch so lange gehalten. [...] Die Schichten des *Muschelkalks* fallen alle gegen das Meer.«

Bei Caltanisetta liegen alle die kleinen Ortschaften und Wohnungen »auf Rücken der Hügel, wo eine hinstreichende Reihe *Kalkfelsen* den Boden ohnehin unbrauchbar macht. [...] Von Girgent die *Muschelkalkfelsen* hinab zeigt sich ein weißliches Erdreich, das sich nachher erklärt: man findet den älteren *Kalk* wieder und Gips unmittelbar daran. Weite flache Täler, Fruchtbau bis an die Gipfel, oft darüber weg; älterer *Kalk* mit verwittertem Gips gemischt. Nun zeigt sich ein loseres, gelbliches, leicht verwitterndes neues *Kalkgestein:* in den geakkerten Feldern kann man dessen Farbe deutlich erkennen, die oft ins Dunklere, ja ins Violette zieht. Etwas über halben Weg tritt der Gips wieder hervor. Auf demselben wächst häufig ein schön violettes, fast rosenrotes Sedum und an den *Kalkfelsen* ein schönes gelbes Moos. Jenes verwitterliche *Kalkgestein* zeigt sich öfters wieder. [...] Diese dreißig Miglien, nebst allem, was ich rechts und links erkennen konnte, ist älterer und neuerer *Kalk,* dazwischen Gips. [...] Auf dem Berg über Caltanisetta fand sich fester *Kalkstein* mit Versteinerungen: die großen Muscheln lagen unten, die kleinen obenauf. Im Pflaster des Städtchens fanden wir *Kalkstein* mit Pektiniten. [...] Als wir den langen, an der Seite sich hinanziehenden Weg ritten, fanden wir den Berg aus *Muschelkalk* bestehend.«

Er kann schon den Ätna in der Ferne erblicken: »In das Tal gelangt [...], fanden wir das Erdreich rötlich schwarz und verwitterlichen *Kalk*. [...] Die ganze Gegend zeigt noch keine Spur von vulkanischem Wesen, auch selbst der Fluß führt keine dergleichen Geschiebe. [...] Alle Gebirge links, die den Fluß einschließen, sind *Kalk-* und Sandstein.«

»Gegen Ibla Major melden sich Lavageschiebe, welche das Wasser von Norden herunterbringt. Über der Fähre findet man *Kalkstein*, welcher allerlei Arten Geschiebe, Hornstein, Lava und *Kalk* verbunden hat, dann verhärtete vulkanische Asche, mit *Kalktuff* überzogen.«

»Den 8. Mai. Auf dem Wege nach Messina. Man hat hohe *Kalkfelsen* links. [...] Die ungeheuren *Kalkfelsen*, verwitternd, stürzen herunter.«

Nur am Fuß des Ätna, bei Catania, hat er noch ungebändigte Laven, zackige Klumpen und Tafeln gefunden, Spuren des »starren Feuerstroms«, der 1669 einen großen Teil der Stadt Catania zerstörte.

Auf sechzig Seiten kommt das Wort *Kalk* 35mal vor; dann überhaupt nicht mehr, kein einziges Mal. Für Goethe ist die Streitfrage erledigt: wenn man bis zum Fuß des größten Vulkans in Europa, des Ätna, Kalk in verschiedenen Formen findet, dann haben die Neptunisten recht. Wenn sie aber auf dem Gebiet der Geologie recht haben, so ist auch der historisch-politische »Neptunismus« Goethes, d. h. das Rechnen mit viel größeren Zeiträumen als sonst getan wird, gleichfalls gerechtfertigt.

Jetzt versteht man, warum Goethe sagen konnte, hier in Sizilien sei »der Schlüssel zu allem«, und was er damit meinte.

Warum sich Goethe nicht deutlicher ausgedrückt hat, warum er nicht einfach schrieb: »Ich ging nach Italien und nach Sizilien um die Richtigkeit einer geologischen Theorie, aber damit auch einer Weltanschauung, an Ort und Stelle festzustellen«, das ist eine andere Frage, die nicht restlos zu beantworten ist. Hat er es vielleicht schöner, anregender, überzeugender gefunden, mit seinem Leser das Spiel der *praeteritio* zu spielen, um ihm den Genuß der Ergänzung und Entdeckung nicht zu verderben?

Eine andere, naheliegende Antwort auf diese Frage hätte sein können, daß Goethe vorsichtig zu sein hatte, denn seine geologische Anschauung war mit dem Alten Testament nicht vereinbar; und dies in einer Zeit, in der sein Freund Herder Generalsuperintendent in Weimar war.

Doch war Herder ein freier, offener Geist, und Goethe erzählt in seiner *Morphologie*, wie seine mühselige, qualvolle Nachforschung gerade dadurch »erleichtert, ja versüßt« worden war, »indem Herder die *Ideen zur Geschichte der Menschheit* aufzuzeichnen unternahm. Unser tägliches Gespräch beschäftigte sich mit den Uranfängen der Wassererde

und der darauf von Alters her sich entwickelnden
organischen Geschöpfe. Der Uranfang und dessen
unablässiges Fortbilden ward immer besprochen
und unser wissenschaftlicher Besitz durch wechsel-
seitiges Mitteilen und Bekämpfen täglich geläutert
und bereichert.« Ein Satz, aus dem zu schließen ist,
daß Herder nicht unbedingt mit Goethe einverstan-
den war; doch war von ihm keine Berufung auf die
mosaische Offenbarung zu befürchten.

In der *Italienischen Reise* hat Goethe *einmal* nicht
gespielt, oder dann ein anderes Spiel gespielt, und
zwar in der Darstellung des Römischen Karnevals.
Dieser Text von etwa dreißig Seiten, *Das Römische
Karneval,* war gleich nach der Rückreise aus Italien
zuerst als Buch, dann als Aufsatz im *Journal des Luxus
und der Moden* veröffentlicht worden. Der Ton ist
ernst, aber das Thema ist die akkurate Beschreibung
einer bestimmten Äußerung des Spieltriebs der
Menschen.

Dieser Text könnte als die Gründungsakte der
Humanwissenschaften gelten: Hundertfünfzig Jahre sind dann verflossen, bis die Anthropologie und
die Ethnologie es unternahmen, die Sitten der
Völker in derartiger, vom Prinzip der Objektivität
geleiteten Erforschung zu beschreiben. An Goethes
Methodik hätte ein Claude Lévy-Strauss nichts zu
beanstanden, und Margaret Mead fühlte sich beschämt.

Wie zuvor die Errichtung des Amphitheaters zu

Verona, faßt jetzt der Naturforscher Goethe die Festlichkeiten des römischen Volks als ein Naturereignis auf und beschreibt diesen geregelten Ausbruch des menschlichen Spieltriebs kühl und unbeteiligt, sich dazu so wenig kritisch äußernd als ein Entomologe, der dem Ausschwärmen der Bienen zusieht. Die Menschen als merkwürdige Insekten... Sowieso hat Goethe von den Menschen nie allzuviel gehalten.

Hier hat er sich »genau an der Wahrheit gehalten«, eigentlich ohne andere Lust als die der Erforschung. Früher, an anderer Stelle, hat er geschrieben: »Das Karneval in Rom muß man gesehen haben, um den Wunsch völlig los zu werden, es je wieder zu sehen.«

Er stellt von vornherein fest, daß dieses Karneval (hier steht man vor einer kleinen sprachlichen Schwierigkeit: das Wort Karneval, heute männlich – siehe Duden! – ist bei Goethe sächlich, wir werden uns hier seinem Gebrauch anschließen) bei einem fremden Zuschauer, der es zum ersten Mal sieht, keinen erfreulichen Eindruck hinterlasse, daß es »weder das Auge sonderlich ergötze, noch das Gemüt befriedige«. Auch bilde es kein übersichtliches Ganzes.

Wie ein jedes Spiel ist das anthropologische Objekt zeitlich und räumlich genau begrenzt.

Wenn die Vorbereitungen des Karnevals schon mit dem neuen Jahr anfangen, so gibt am ersten Tag des Karnevals, bald nach Mittag, eine bestimmte Glocke das Zeichen, »es sei erlaubt, unter freiem

Himmel töricht zu sein«. Am Aschermittwoch ist das Karneval vorbei. Diese Zeit ist die von der katholischen Kirche um einige Wochen verschobene Zeit des altrömisch-heidnischen Festes der Saturnalien. »Dieses Fest allgemeiner Freiheit und Losgebundenheit, dieses moderne Saturnal endigt mit einer allgemeinen Betäubung.«

Der Ort ist der Korso, von der Piazza del Popolo bis an den Venezianischen Palast. »Diese Straße beschränkt und bestimmt die öffentlichen Feierlichkeiten dieser Tage. An jedem anderen Platz würde es ein ander Fest sein.« Der Korso führt den Namen, wie mehrere Straßen italienischer Städte, von dem Wettrennen der Pferde, womit zu Rom jeder Karnevalsabend schließt.

Was ist das Römische Karneval? Ein Fest, aber »ein Fest, das dem Volke eigentlich nicht gegeben wird, sondern das sich das Volk selbst gibt«.

Drei Grundsätze bestimmen die Funktion: einmal, daß »außer Schlägen und Messerstichen fast alles erlaubt sei«, und daß jeder »so töricht und toll sein dürfe, als er wolle«; zweitens, daß die sozialen Schranken, »der Unterschied zwischen Hohen und Niedern einen Augenblick aufgehoben zu sein scheine«; drittens, daß »die wechselseitige Frechheit und Freiheit durch eine allgemeine gute Laune im Gleichgewicht erhalten werden«.

Dabei ist im römischen Leben das Karneval nichts Neues, nichts Fremdes, nichts Einziges, sondern nur der natürliche Gipfel der gewöhnlichen sonn- und festtägigen Freuden, die zur römischen Lebensweise gehören; also keine Ausnahme, sondern nur die Steigerung, die Klimax eines normalen, in Rom natürlichen Wesens. »Jedermann kommt, um zu sehen oder gesehen zu werden.«

Maske, d. h. eine Form von Spiel mit der Anonymität, und Verkleidung, sind die unerläßlichen Requisiten der festlichen Stimmung. Junge Männer tragen weibliche Festkleider, Frauen zeigen sich in Mannskleidern. Einige hundert Pulcinelle und gegen hundert Quacqueri laufen im Korso auf und nieder. Die Quacqueri – eine Parodie der angelsächsischen Sekte der Quakers ist da zu vermuten – tragen eine Gesichtsmaske mit Pausbacken und kleinen Augen, einen kleinen meist bordierten Hut, brokatene oder gestickte Westen, auf dem Trödel gefundene altfränkische Kleidungsstücke: abgeschmackte Stutzer. Der Natur nach muß der Quacquero dickleibig sein; er macht einen steifen, tiefen Bückling, hüpft auf den Zehen hin und her. Wenn sie einander begegnen, hüpfen sie mit gleichen Füßen mehrmals gerade in die Höhe und geben einen hellen, durchdringenden, unartikulierten Laut von sich, »der mit den Konsonanten *brr!* verbunden ist. [...] Die Nächsten erwidern das Signal, so daß in kurzer Zeit dieses kreischende Geschrille den ganzen Korso hin und wider läuft«.

Doch dienen auch die gewöhnlichen Kleider aller Stände als Verkleidung: Stallknechte mit ihren Bürsten, die einem jeden den Rücken auskehren, zudringliche Vetturine, die ihre Dienste anbieten, Fischer, Landmädchen, Bettler und Bettlerinnen,

Zauberer, deutsche Maler mit übergroßen Porte-
feuilles und langen Surtouts, deutsche Bäcker-
knechte mit der Weinflasche usw. Einige machen es
sich bequem, indem sie sich einfach in Teppiche
oder Leintücher hüllen, die sie über dem Kopf
zusammenbinden.

Gesichtsmasken gibt es in Hülle und Fülle. Manche tragen eine ganz weiße Gesichtsmaske. »Witzi-
ge und satirische Gesichtsmasken sind selten, weil
diese schon Endzweck haben und bemerkt sein
wollen.« Die edelste Maske ist der Tabarro, die
schwarze Gesichtshalbmaske, »weil sie sich gar
nicht auszeichnet«.

»Alles ist in diesen Tagen vergönnt und schick-
lich.« »Sich gegen Neckereien zu wehren würde
sehr gefährlich sein, weil die Masken unverletzlich
sind und jede Wache ihnen beizustehen beordert
ist.«

Doch geht es beim Karneval nicht immer gefahr-
los zu. Man stelle sich vor: An beiden Seiten des
Korsos »Pflastererhöhungen für die Fußgänger«
(Goethe kennt die Bezeichnung »Bürgersteig«
nicht, das gab es weder in Frankfurt noch in Weimar) von etwa zwei, zweieinhalb Meter Breite. In
der Mitte die »etwa zwölf bis vierzehn Schritte«
(etwa zehn Meter) breite Fahrbahn. Es können sich
in dieser Breite höchstens drei Fuhrwerke neben-
einander bewegen. Es ist üblich geworden, daß
die Wagen, die vom Venezianischen Palast herun-
terkommen, links fahren, die umkehrenden halten
sich an der anderen Seite; »so ziehen die beiden

Wagenreihen in der besten Ordnung aneinander hin«.

»Die Gesandten haben das Recht, zwischen beiden Reihen auf und nieder zu fahren. [...] Sobald jedoch die Nacht eingeläutet wird, ist diese Ordnung unterbrochen; jeder wendet, wo es ihm beliebt, und sucht seinen nächsten Weg, oft zur Unbequemlichkeit vieler anderer Equipagen.« Der Verkehr wird keineswegs dadurch begünstigt, daß die Bürgersteige mit Gerüsten versperrt, mit Stühlen besetzt werden, so daß die Straße »wohnbar« wird: »Indem man aus dem Hause tritt, glaubt man nicht im Freien und unter Fremden, sondern in einem Saale unter Bekannten zu sein.«

»An Gerüsten und Stühlen geht ganz nahe eine Wagenreihe hinunter und an der anderen Seite hinauf. Die Fußgänger sind in einer Breite von höchstens acht Fuß [zweieinhalb Meter] zwischen den beiden Reihen eingeschlossen; jeder drängt sich hin- und herwärts, so gut er kann, und von allen Fenstern und Balkonen sieht wieder eine gedrängte Menge auf das Gedränge herunter.« Die Menge empfindet sich als Menge und freut sich dabei: das ist der Sinn ihres Festes.

Der Platz zwischen den beiden Reihen Kutschen »ist ganz mit Menschen ausgefüllt, welche nicht hin und wider gehen, sondern sich hin und wider schieben«. Doch »je größer die Gefahr und Beschwerlichkeit der Fußgänger wird, desto mehr scheint ihre Laune und Kühnheit zu steigen«. Wer »mit der langsamen Masse sich fortzubewegen nicht länger ausstehen mag und Mut hat, zwischen den Rädern und Fußgängern, zwischen der Gefahr und dem, der sich davor fürchtet, durchzuschlüpfen«, kann in kurzer Zeit einen großen Weg zurücklegen, »bis er sich wieder durch ein anderes Hindernis aufgehalten sieht«.

Doch ist das nur »der erste Grad des Gedränges, des Getümmels, des Lärmes und der Ausgelassenheit«.

Die Elemente von Angst und Krieg sind wohl schon dabei. Doch mit dem Werfen von Gipskugeln oder kleinen Körnern, die in großen Körben verkauft werden, nimmt die Sache ein anderes Gesicht an. »Niemand ist vor einem Angriff sicher; jedermann ist im Verteidigungszustande, und so entsteht aus Mutwillen oder Notwendigkeit bald hier, bald da ein Zweikampf, ein Scharmützel oder eine Schlacht. Fußgänger, Kutschenfahrer, Zuschauer aus Fenstern, von Gerüsten oder Stühlen greifen einander wechselsweise an und verteidigen sich wechselsweise.«

Die Masken »greifen öfter an, als sie angegriffen werden; keine Kutsche fährt ungestraft vorbei, [...] kein Fußgänger ist vor ihnen sicher. Besonders wenn sich ein Abbate im schwarzen Rocke sehen läßt, werfen alle von allen Seiten auf ihn, und weil Gips und Kreide, wohin sie treffen, abfärben, sieht ein solcher bald über und über weiß und grau punktiert aus. Oft aber werden die Händel sehr ernsthaft und allgemein, und man sieht mit Erstaunen, wie Eifersucht und persönlicher Haß sich freien Lauf lassen.« Wahrscheinlich hat zufällig eine Schöne ihren vorbeigehenden guten Freund oder dieser die »lose Freundin« erkannt...

»Unzählig sind diese Händel und die meisten mehr lustig als ernsthaft.« Doch gibt es an mehreren Straßenecken aufgezogene Corden, also Schnellgalgen – bekannte Strafwerkzeuge der italienischen Polizei, die mitten in der Lustbarkeit erinnern, daß es »in diesen Augenblicken sehr gefährlich sei, sich gefährlicher Waffen zu bedienen«.

Dies sind »lebhafte und heftige Spiele«, die im Mittelpunkt des Korsos einen großen Teil der »schönen Welt« beschäftigen.

Am oberen Ende des Korsos gibt es eine andere Art von Unterhaltung: das italienische Improvisationstheater mit seinen berühmten Figuren, dem bramarbasierenden Capitano, dem Pulcinell, der ihn lächerlich macht. Jeder Vorbeigehende bleibt stehen und hört dem lebhaften Wortwechsel zu.

Eine hochschwangere Frau (einer der jungen Leute, die sich als Weiber verkleidet haben) befindet sich übel, es wird ein Stuhl herbeigebracht, die übrigen »Weiber« stehen »ihr« bei, sie gebärdet sich jämmerlich; und ehe man sich's versieht, bringt sie zur großen Belustigung der Umstehenden einen unförmigen Balg zur Welt. »Das Stück ist aus, die Truppe zieht weiter.«

Ein entsetzliches Gedränge, allerlei tolle Schauspiele, Mordgeschichten. Der Römer, dem die Mordgeschichten immer vor der Seele schweben, spielt gern bei jedem Anlaß mit den Ideen von *ammazieren* (ermorden). Die gängigste Verwünschung der Römer, *Sia ammazzato*, Ermordet werde..., wird allenthalben wiederholt. »Die Bedeutung des Ausdrucks verliert sich nach und nach gänzlich. Und wie wir in andern Sprachen oft Flüche und unanständige Worte zum Zeichen der Bewunderung und Freude gebrauchen hören, so wird ›*Sia ammazzato*‹ diesen Abend zum Losungswort, zum Freudengeschrei, zum Refrain aller Scherze, Neckereien und Komplimente.«

Der Sohn hört nicht auf zu schreien: »*Sia ammazzato il Signore Padre!*« Vergebens, daß ihm der Alte diese Unanständigkeit verweist: der Knabe behauptet die Freiheit dieses Abends und verwünscht nur seinen Vater um so ärger. Hätte Sigmund Freud diese Stelle gekannt, wäre wohl die psychoanalytische Darstellung des Ödipus-Komplexes und des Vatermords um eine bedeutende Seite angereichert worden.

Am Aschermittwoch »ist ein ausschweifendes Fest wie ein Traum, wie ein Märchen vorüber, und es bleibt dem Teilnehmer vielleicht weniger davon in der Seele zurück als unsern Lesern«.

Erst am Ende, wenn die Beschreibung des Festes aufhört, erlaubt sich Goethe eine persönliche Aschermittwochreflexion: Mitten unter dem Unsinne werden wir auf die wichtigsten Szenen unsers Lebens aufmerksam gemacht, die Freuden der Liebe, denen wir unser Dasein zu danken haben, die

Geheimnisse der Gebärerin, die nächtlich angezün-
deten Kerzen, die an die letzte Feierlichkeit erinnern.

»Noch mehr erinnert uns die schmale, lange,
gedrängt volle Straße an die Wege des Weltlebens,
wo jeder Zuschauer und Teilnehmer mit freiem
Gesicht oder unter der Maske vom Balkon oder vom
Gerüste nur einen geringen Raum vor und neben
sich übersieht, in der Kutsche oder zu Fuße nur
Schritt vor Schritt vorwärts kommt, mehr geschoben wird als geht, mehr aufgehalten wird als willig
stille steht, nur eifriger dahin zu gelangen sucht, wo
es besser und froher zugeht, und dann auch da
wieder in die Enge kommt und zuletzt verdrängt
wird.«

Unter dem Titel »Aufgehobne Ordnung« bemerkt Goethe, daß »die Epoche der einbrechenden
Nacht, welche so vieles in Italien entscheidet, auch
die gewöhnlichen sonn- und festtägigen Spazier-
fahrten auflöset«. Zur Zeit des Karnevals und auf
dem Korso »will sich niemand sein Recht nehmen
lassen, mit einbrechender Nacht aus der Ordnung
zu lenken«.

Nach solchen und ähnlichen Reflexionen über
den Spieltrieb der Menschen – nur davon ist die
ganze Zeit die Rede gewesen – kommt Goethe auf
den Gedanken, »daß Freiheit und Gleichheit nur in
dem Taumel des Wahnsinns genossen werden können, und daß die größte Lust nur dann am höchsten
reizt, wenn sie sich ganz nahe an die Gefahr
drängt«.

Dies wurde ein paar Monate vor dem Ausbruch der großen französischen Revolution geschrieben. Auch sie ein Karneval?

Den wissenschaftlichen Ton des Forschers für den des Weisen umtauschend wünscht Goethe am Ende, »daß jeder mit uns, da das Leben im ganzen wie das römische Karneval unübersehlich, ungenießbar, ja bedenklich bleibt, durch diese unbekümmerte Maskengesellschaft an die Wichtigkeit jedes augenblicklichen, oft gering scheinenden Lebensgenusses erinnert werden möge«.

Auch andere Spiele werden während des Aufenthalts in Italien gespielt.

Die im Zweiten Römischen Aufenthalt aufgenommene kurze Abhandlung *Moritz als Etymolog* beruft sich auf Herders Schrift *Über den Ursprung der Sprache* und beschreibt ein darauf beruhendes Spiel mit Wörtern, »das etymologische Spiel«.

Karl Philipp Moritz, Goethes »liebster Gesellschafter« in Rom, hat in seiner »brütenden Trägheit« und Grillenfängerei dieses schöne Spiel erfunden, das darin besteht, daß man die Zugehörigkeit eines Namens zu dem Bezeichneten untersucht, prüft und zu verbessern trachtet. »Demzufolge suchen wir in den Sprachen die Worte auf, die am glücklichsten getroffen sind, bald hats die eine, bald die andre; dann verändern wir die Worte, bis sie uns recht dünken, machen neue u. s. w. Ja, wenn wir recht spielen wollen, machen wir Namen für Menschen, untersuchen, ob diesem oder jenem sein Name gehöre etc. etc.«

»Das etymologische Spiel beschäftigt schon so viele Menschen, und so gibt es auch uns auf diese heitere Weise viel zu tun. Sobald wir zusammenkommen, wird es wie ein Schachspiel vorgenommen, und hunderterlei Kombinationen werden versucht. [. . .] Genug, es ist das witzigste Spiel von der Welt und übt den Sprachsinn unglaublich.«

Auch das Malen, das Goethe in Rom übt, bezeichnet er bescheiden als »ein wenig mit Farben spielen«.

Ausgerechnet in dem »An Herder« betitelten Kapitel steht der Ansatz des später weiterentwickelten Aufsatzes über Philip Neri, den humoristischen Heiligen. Ist das vielleicht eine geheime Pointe auf Herder und die Lutheraner, denen es an Humor fehlt?

Goethe fällt es auf, daß »gerade zu Luthers Zeit [. . .] mitten in Rom ein tüchtiger, gottesfürchtiger, energischer, tätiger Mann gleichfalls den Gedanken hatte, das Geistliche, ja das Heilige mit dem Weltlichen zu verbinden, das Himmlische in das Säkulum einzuführen und dadurch ebenfalls eine Reformation vorzubereiten«. Philippus Neri ist ihm ein Gegenstück zum deutschen Luther. Ein hoch über dieser Welt erhobener Geist, dem nichts so sehr zuwider war als Eitelkeit, Schein, Anmaßung, gegen die er auch immer kräftig wirkte, »und zwar, wie uns manche Geschichte überliefert, immer mit gutem Humor«.

Man erzählt von einer Klosterfrau in der Nähe von Rom, die »mit allerlei wunderlichen geistlichen Gaben sich hervortue«. Neri bekommt vom Papst den Auftrag, sie zu prüfen. Er begibt sich zu ihr auf seinem Maultier. Bei der Äbtissin fragt er nach ihr. Die geforderte Nonne tritt ein, und er, ohne sie weiter zu begrüßen, reicht ihr den kotigen Stiefel hin, mit dem Ansinnen, daß sie ihn ausziehen solle. Die heilige, reine Jungfrau tritt erschrocken zurück und gibt ihre Entrüstung über dieses Zumuten mit heftigen Worten zu erkennen. Neri erhebt sich ganz gelassen, besteigt sein Maultier und findet sich wieder vor dem Papst, ehe dieser es nur vermuten konnte. Dem verwunderten Papst eröffnet Neri das Resultat: Sie ist keine Heilige, ruft er aus, sie tut keine Wunder! denn die Haupteigenschaft, die erste christliche Tugend, fehlt ihr, die Demut. Lächelnd beließ es auch der Papst dabei, »und wahrscheinlich ward ihr das fernere Wundertun untersagt«.

VI. Die *Kampagne in Frankreich*

Von da führt die Fährte zu einer anderen Schicht
des autobiographischen Werks, das der erlebten
Geschichte gewidmet ist, der *Kampagne in Frankreich*, die der historisierenden Anschauung gegenüber, wenn auch unter der Maske, entschieden
Stellung nimmt.

Exemplarisch soll hier die Stelle sein, wo Goethe
am Abend der Schlacht bei Valmy einen berühmten
Ausspruch tat, den es aber zu interpretieren gilt.

Hier die Stelle.

»Noch am Morgen hatte man nicht anders gedacht, als die sämtlichen Franzosen anzuspießen und
aufzuspeisen, ja mich selbst hatte das unbedingte
Vertrauen auf ein solches Heer, auf den Herzog von
Braunschweig, zur Teilnahme an dieser gefährli-
chen Expedition gelockt; nun aber ging Jeder vor
sich hin, man sah sich nicht an, oder wenn es
geschah, so war es, um zu fluchen oder zu verwün-
schen. Wir hatten, eben als es Nacht werden wollte,
zufällig einen Kreis geschlossen, in dessen Mitte
nicht einmal, wie gewöhnlich, ein Feuer konnte
angezündet werden; die Meisten schwiegen, Einige
sprachen, und es fehlte doch eigentlich einem Jeden
Besinnung und Urteil. Endlich rief man mich auf,
was ich dazu denke – denn ich hatte die Schaar
gewöhnlich mit kurzen Sprüchen erheitert und
erquickt; diesmal sagte ich: ›Von hier und heute

geht eine neue Epoche der Weltgeschichte aus, und ihr könnt sagen, ihr seid dabei gewesen.‹«

Es ist tatsächlich so, daß mit der Schlacht bei Valmy eine neue Epoche der Weltgeschichte anfängt: zum ersten Mal hatte das Volksheer einer demokratischen Republik vor fürstlichen Berufssoldaten standgehalten. Dies bedeutete aber eine entscheidende Wendung in der Kriegstechnik, aber auch – durch Einführung der Wehrpflicht – eine grundlegende Änderung der sozialen Strukturen der westlichen Nationen. Insofern ist Goethes Wort völlig zutreffend und berechtigt.

Zweifelhaft ist dennoch, ob er die weltgeschichtliche Perspektive schon gleich am Abend des 20. September 1792 erblickt hat.

Doch die *Kampagne in Frankreich* wurde erst sehr viel später verfaßt. Mehr als drei Jahrzehnte nach den Ereignissen dürfte Goethe schon eher einsichtiger gewesen sein; aber ist es dann nicht etwas dreist vom Autor, in dieser krassen Form mit einer gleichsam hellseherischen Begabung zu prahlen, wo doch seine Behauptung, schon damals so einsichtig gewesen zu sein, niemand täuschen kann? So naiv kann Goethe nicht gewesen sein.

Man ist aber geneigt, nach einer anderen Interpretation zu suchen; und diese liegt wirklich auf der Hand, wenn man sich nur etwas Mühe gibt, nach dem versteckten Schlüssel zu suchen. Tatsächlich hat dieser Ausspruch eine ganz andere Bedeutung.

Da muß man aber, wie es bei Goethe oft der Fall ist, den Schlüssel in den Seiten *vor* dem gestellten

Rätsel, und nicht in den darauffolgenden Seiten, suchen. Was wird vorher erzählt?

Zuerst ein Ulk: wieder einmal ein »practical joke«, wie es auf Englisch heißt. Goethe hat in einem Keller vier Flaschen Wein mitgehen lassen: »Ich nahm zwischen die ausgespreizten Finger jeder Hand zwei Flaschen und zog sie unter den Mantel.« Mit seiner Beute kehrte er zum Nachtlager zurück.

»Unmittelbar am großen Wachfeuer gewahrte ich eine schwere starke Egge, setzte mich darauf und schob unter dem Mantel meine Flaschen zwischen die Zacken herein. Nach einiger Zeit bracht' ich eine Flasche hervor, wegen der mich meine Nachbaren beriefen, denen ich sogleich den Mitgenuß anbot. Sie taten gute Züge, der Letzte bescheiden, da er wohl merkte, er lasse mir nur wenig zurück; ich verbarg die Flasche neben mir und brachte bald darauf die zweite hervor, trank den Freunden zu, die sich's abermals wohl schmecken ließen, anfangs das Wunder nicht bemerkten, bei der dritten Flasche jedoch laut über den Hexenmeister aufschrieen; und es war, in dieser traurigen Lage, ein auf alle Weise willkommener Scherz.«

Nun zur Schlacht selbst: man muß wissen, daß »die Schlacht bei Valmy« keine regelrechte Schlacht im konventionellen Sinn des Wortes gewesen ist, sondern nur eine beiderseitige Kanonade, nach welcher der Oberbefehlshaber, der Herzog von Braunschweig, ein versierter Kriegsherr, einfach feststellte: »Hier schlagen wir nicht!« und den

Rückzug befahl. Goethe meinte, auf preußischer Seite seien zwölfhundert Mann gefallen, tatsächlich waren es aber nur 184 Mann, Tote und Verwundete zusammengerechnet, indes die Verluste auf der französischen Seite sich auf etwa das Doppelte beliefen: eine verhältnismäßig unblutig verlaufene weltgeschichtliche Entscheidung. Allerdings verloren die preußischen und sächsischen Armeen beim Rückzug die Hälfte ihrer Leute durch Ruhr, Typhus und Erschöpfung.

Goethe beschreibt die sogenannte Schlacht etwa wie bei Stendhal Fabrice del Dongo, der Held der *Chartreuse de Parme*, die Schlacht bei Waterloo erlebt: als eine Reihe von an sich sinnlosen Ereignissen. Am Tage darauf bedauert Fabrice, einen in Kriegssachen Erfahrenen nicht einfach gefragt zu haben: »habe ich wirklich einer Schlacht beigewohnt?« Vierzehn Tage später fragt er sich noch: »das, was ich gesehen habe, war es wirklich eine Schlacht? Und war es die Schlacht von Waterloo, von der die Zeitungen berichten?«

Genauso reitet Goethe, wie er es jeden Morgen aus Gesundheitsgründen tut, am 20. September 1792 durch das Feld, hört die Kanonade, stellt »Kanonenfieber« an sich fest, dessen Symptome er beschreibt. Er begegnet Offizieren vom Generalstab, die höchst verwundert sind, ihn da zu finden; sie wollen ihn mit sich zurücknehmen, aber eigensinnig reitet er allein hin und her bis zum Vorwerk La Lune. Es ist ihm alles unverständlich. Er und die Truppe, die er eine Weile begleitet, glauben unter dem Schutz einer eigenen Batterie vorschreiten zu können, doch stehen sie unter einem »unbegreiflichen« Feuer, das sie in Überraschung und Erstaunen versetzt: es stellt sich heraus, daß die Batterie von ihrer Stellung verdrängt worden und feindliches Geschütz an die Stelle getreten ist.

Dann halten sie auf einer Chaussee, wo ein Wegweiser nach Paris deutet. Da stehen sie aber verkehrt: die französische Hauptstadt haben sie im Rücken, das französische Heer aber versperrt ihnen den Weg nach Hause.

Das Hauptereignis ist, daß Husaren französische Brotkarren abgefangen haben und daß sich Goethe von ihnen schönes französisches Weißbrot »für einiges Trinkgeld« erkauft, sich auch von einem Jäger aus dem Gefolge eine »tüchtige wollene Decke« für drei Nächte, »jede Nacht für acht Groschen«, mietet.

Nach der für damalige Begriffe ungeheuren Kanonade »sah man in den Stellungen nicht die mindeste Veränderung«. Die zwölfhundert Mann sind – wie er glaubt – »ganz unnütz« gefallen. »Niemand wußte, was daraus werden sollte.«

»So war der Tag hingegangen: unbeweglich standen die Franzosen, Kellermann [der französische Befehlshaber] hatte auch einen bequemen Platz genommen; unsere Leute zog man aus dem Feuer zurück, und es war eben, als wenn nichts gewesen wäre.«

Wie Fabrice del Dongo nach Waterloo könnte er fragen: war das die berühmte Schlacht bei Valmy?

War es eine Schlacht überhaupt, und bin ich wirklich dabeigewesen, mitten auf dem Schlachtfeld, ohne überhaupt zu merken, daß eine Schlacht im Gange war?

So gewinnt sein berühmter Ausspruch einen ganz andern Sinn. Goethe sagt wohl: »Von hier und heute geht eine neue Epoche der Weltgeschichte aus«, aber dies soll ergänzt werden, und zwar folgenderweise: erst nach dreißig Jahren ist es als historisches Ereignis zu deuten. »Ihr könnt sagen, ihr seid dabei gewesen« – und habt so wenig wie ich gemerkt, daß es sich um eine historisch bedeutende militärische Entscheidung handelte; wir sind uns nicht einmal bewußt geworden, daß es sich um eine große, entscheidende Schlacht handelte. »Wir sind dabei gewesen« und haben nichts verstanden, weil die ganze »Geschichte« keinen Sinn hat. Geschichte, und sonderlich der Krieg, ist Un-sinn. In dem so zu ergänzenden und so verstandenen Ausspruch ist aber Goethes Philosophie der Geschichte *in nuce* enthalten. Der Ausspruch ist keine Platitüde mehr, sondern gewinnt eine tiefgreifende Bedeutung.

Die Kampagne in Frankreich fällt in das Jahr 1792. Wie damals üblich, hört der Krieg im Winter auf und wird erst im Frühjahr wiederaufgenommen. Im Mai 1793 begleitet Goethe seinen Fürsten. Die Hauptaktion ist die Belagerung von Mainz.

Mainz, von den französischen Truppen verteidigt, wird in den ersten Junitagen umzingelt, dann methodisch und regelmäßig bombardiert. Goethe verfolgt den Ablauf der Belagerung mit seinem »trefflichen Fernrohr«.

Der Neue Abschnitt von Goethes Memoiren fängt übrigens mit der Erinnerung an den Ausspruch vom 20. September vorigen Jahres an:

»Gegen Abend fanden sich die Offiziere des Regiments beim Marketender, wo es etwas mutiger herging als vorm Jahr in der Champagne. [...] Meiner vormaligen Weissagung ward auch gedacht: sie wiederholten meine Worte: ›Von hier und heute geht eine neue Epoche der Weltgeschichte aus, und ihr könnt sagen, ihr seid dabei gewesen.‹ Wunderbar genug sah man diese Prophezeiung nicht etwa nur dem allgemeinen Sinn, sondern dem besonderen Buchstaben nach genau erfüllt, indem die Franzosen ihren Kalender von diesen Tagen an datieren.«

Am 17. Juli 1793 bezieht der Herzog von Weimar das Quartier in einem Hause an der Chaussee. »Nach herkömmlicher Ordnungs- und Reinlichkeitsliebe« läßt Goethe »den schönen Platz davor kehren und reinigen, der bei dem schnellen Quartierwechsel mit Stroh und Spänen und allerlei Abwürflingen eines eilig verlassenen Kantonnements übersät war«.

Am 22. Juli muß die französische Garnison kapitulieren. Ihr wird freier Abzug mit kriegerischen Ehren gewährt. Von den Fenstern des Chaussehauses sehen Goethe und seine Freunde dem Auszug der Truppen zu. Eine Kolonne Marseiller, klein, schwarz, buntscheckig, lumpig gekleidet, trappelt zuerst wie ein munteres Zwergenheer heran. Darauf folgen regelmäßigere Truppen, »ernst und verdrießlich, nicht aber etwa niedergeschlagen oder beschämt. Als die merkwürdigste Erscheinung dagegen mußte Jedermann auffallen, wenn die Jäger zu Pferd heraufritten; sie waren ganz still bis gegen uns herangezogen, als ihre Musik den Marseiller Marsch anstimmte. Dieses revolutionäre Te Deum hat ohnehin etwas Trauriges, Ahnungsvolles, wenn es auch noch so mutig vorgetragen wird; diesmal aber nahmen sie das Tempo ganz langsam, dem schleichenden Schritt gemäß, den sie ritten. Es war ergreifend und furchtbar und ein ernster Anblick, als die Reitenden, lange, hagere Männer von gewissen Jahren, die Miene gleichfalls jenen Tönen gemäß, heranrückten; einzeln hätte man sie dem Don Quixote vergleichen können, in Masse erschienen sie höchst ehrwürdig.«

Der französische Kommissar, Merlin von Thionville, in Husarentracht, durch wilden Bart und Blick sich auszeichnend, hält an, spricht die dastehenden preußischen Offizere an, ratend, sich zu mäßigen, »denn es sei das letzte Mal nicht, daß man ihn hier sehe«. Die Menge steht betroffen, der Zug geht unangetastet vorbei.

Doch versuchen auch Mainzer, die die Revolution begrüßt hatten – die sogenannten Klubisten, die deutschen Jakobiner –, zu entkommen.

»Ein sehr schöner dreispänniger Reisewagen rollt daher; eine freundliche junge Dame versäumt nicht, sich am Schlage sehen zu lassen und hüben und drüben zu grüßen; aber dem Postillon fällt man in die Zügel, der Schlag wird eröffnet, ein Erzklubbist an ihrer Seite sogleich erkannt.« Er wird aus dem Wagen gezogen, fürchterlich zerprügelt, »alle Glieder seines Leibes sind zerschlagen, sein Gesicht unkenntlich«. Eine preußische Wache nimmt ihn – oder was von ihm übrig bleibt – in Schutz. Goethe will ihn besuchen, der Offizier bittet ihn dringend, er möchte »diesem traurigsten und ekelhaftesten aller Schauspiele entsagen«.

Mit den französischen Truppen und unter ihrem Schutz ziehen Mainzer Mädchen aus. Das haßerfüllte und rachsüchtige Volk ist sehr bewegt, begleitet sie mit Schimpfreden und Drohungen; die Weiber tadeln an den Männern, daß man diese Nichtswürdigen so vorbeilasse.

»Gerade in diesem gefährlichsten Momente erschien ein Zug, der sich gewiß schon weit hinweg gewünscht hatte. Ohne sonderliche Bedeckung zeigte sich ein wohlgebildeter Mann zu Pferde, dessen Uniform nicht gerade einen Militär ankündigte; an seiner Seite ritt in Mannskleidern ein wohlgebautes und sehr schönes Frauenzimmer [...]. Auf einmal rauscht' es im Volke und rief: ›Haltet ihn an! schlagt ihn tot! Das ist der Spitzbube von Architekten, der erst die Domdechanei geplündert und nachher selbst angezündet hat!‹ Es kam auf einen einzigen entschlossenen Menschen an, und es war geschehen.

Ohne Weiteres zu überlegen, als daß der Burgfriede vor des Herzogs Quartier nicht verletzt werden dürfe, mit dem blitzschnellen Gedanken, was der Fürst und General bei seiner Nachhausekunft sagen würde, wenn er über die Trümmer einer solchen Selbsthülfe kaum seine Tür erreichen könnte, sprang ich hinunter, hinaus und rief mit gebietender Stimme: Halt!

Schon hatte sich das Volk näher herangezogen; zwar den Schlagbaum unterfing sich Niemand herabzulassen, der Weg aber selbst war von der Menge versperrt. Ich wiederholte mein: Halt! und die vollkommenste Stille trat ein. Ich fuhr darauf, stark und heftig sprechend, fort: hier sei das Quartier des Herzogs von Weimar, der Platz davor sei heilig; wenn sie Unfug treiben und Rache üben wollten, so fänden sie noch Raum genug. Der König habe freien Auszug gestattet: wenn er diesen hätte bedingen und gewisse Personen ausnehmen wollen, so würde er Aufseher angestellt, die Schuldigen zurückgewiesen und gefangen genommen haben; davon sei aber nichts bekannt, keine Patrouille zu sehen. Und sie, wer und wie sie hier auch seien, hätten mitten in der deutschen Armee keine andere Rolle zu spielen, als ruhige Zuschauer zu bleiben; ihr Unglück und ihr Haß gebe ihnen hier kein Recht, und ich litte ein für allemal an dieser Stelle keine Gewalttätigkeit.«

Das Volk staunt, wird stumm, nach einigem Hin und Her tritt es zurück und läßt den Platz freier. »Die beiden Figuren zu Pferde wußten sich kaum zu benehmen. Ich war ziemlich weit in den Platz hereingetreten; der Mann ritt an mich heran und sagte, er wünsche meinen Namen zu wissen, zu wissen, wem er einen so großen Dienst schuldig sei; er werde es zeitlebens nicht vergessen und gern erwidern. Auch das schöne Kind näherte sich mir und sagte das Verbindlichste. Ich antwortete, daß ich nichts als meine Schuldigkeit getan und die Sicherheit und Heiligkeit dieses Platzes behauptet hätte; ich gab einen Wink, und sie zogen fort.«

Hier aber und unter den eben beschriebenen Umständen hat Goethe ein Wort gesprochen, das – ebenfalls mißdeutet – weltberühmt geworden und immer wieder zitiert wird: lieber eine Ungerechtigkeit begehen, als Unordnung ertragen.

Nach seiner Expedition ruft ihm nämlich sein englischer Freund Gore entgegen: »Welche Fliege sticht Euch? Ihr habt Euch in einen Handel eingelassen, der übel ablaufen konnte!«

Mit fast englischem Humor und Sinn für *understatement* erwidert Goethe: »Findet Ihr nicht selbst hübscher, daß ich Euch den Platz vor dem Hause so rein gehalten habe? Wie sähe es aus, wenn Das nun Alles voll Trümmer läge, die Jedermann ärgerten, leidenschaftlich aufregten und Niemand zu Gute kämen?«

Er weist Gore immer scherzhaft auf den reinen Platz vor dem Hause und sagt zuletzt ungeduldig: »Es liegt nun einmal in meiner Natur: ich will lieber eine Ungerechtigkeit begehen, als Unordnung ertragen.«

Die angebliche »Ungerechtigkeit« besteht darin, daß er einem Mann – und einem schönen Mädchen – zum Entkommen verholfen hat, die beschuldigt wurden, die Domdechanei geplündert und angezündet zu haben. Es trifft sich übrigens, daß Goethe nicht von ungefähr ein paar Seiten früher notiert hatte:

»Den 27. Juni Anfang des Bombardements, wodurch die Dechanei sogleich angezündet war.«

Er weiß also, daß der Architekt in diesem Punkt nicht schuldig ist. Die »Ungerechtigkeit«, die er »lieber begeht«, besteht also darin, einen Unschuldigen vor einem ungerechten Volksurteil gerettet zu haben.

Die »Unordnung«, die er nicht hat ertragen wollen, war aber das Lynchen eines wohlgebildeten, unschuldigen Mannes und eines noch schöneren und noch unschuldigeren Mädchens durch den wütenden Mob.

Doch wird Goethes mißverstandenes Wort immerfort weiter kolportiert und als Zeichen einer reaktionären Gesinnung interpretiert. Als ich einen Journalisten auf seine Fehlinterpretation aufmerksam machte, die dem Ruf Goethes unendlich schadet, hat sich dieser für sein Unwissen und sein Unverständnis kaum entschuldigt, sich für die Richtigstellung nicht bedankt.

Auch dies ein Fall, wo Goethe zu scherzen glaubte, wo er überzeugt war, man würde ihn verstehen – und wo er sich geirrt hat, ganz einfach, weil man das Spielerische an ihm verkannt hat, weiter verkennt und vielleicht verkennen will, um sich die Mühe zu ersparen, das herkömmliche, gewohnte *image* Goethes revidieren zu müssen.

Den Krieg hat er nicht zuletzt als Schauspiel erlebt: »So zwischen Ordnung und Unordnung, zwischen Erhalten und Verderben, zwischen Rauben und Bezahlen lebte man immerhin; und dies mag es wohl sein, was den Krieg für das Gemüt eigentlich verderblich macht. Man *spielt*[*] den Kühnen, Zerstörenden, dann wieder den Sanften, Belebenden; man gewöhnt sich an Phrasen, mitten in dem verzweifelnden Zustand Hoffnung zu erregen und zu beleben; hierdurch entsteht nur eine Art Heuchelei, die einen besonderen Charakter hat und sich von der pfäffischen, höfischen, oder wie sie sonst heißen mögen, ganz eigen unterscheidet.«

Goethe sieht, wie die Soldaten an einem trichterförmigen Teich in einen Kreis sich gesetzt hatten und nach Fischen angelten. »Das Wasser war das klarste von der Welt und die Jagd lustig genug anzusehen. Ich hatte jedoch nicht lange diesem *Spiele*[*] zugeschaut, als ich bemerkte, daß die Fischlein, indem sie sich bewegten, verschiedene Farben *spielten*[*]. Im ersten Augenblick hielt ich diese Erscheinung für Wechselfarben der beweglichen Körperchen, doch bald eröffnete sich mir eine willkommene Aufklärung. Eine Scherbe Steingut war in den Trichter gefallen, welche mir aus der Tiefe herauf die schönsten prismatischen Farben gewährte. Heller als der Grund, dem Auge entgegengehoben, zeigte sie an dem von mir abstehenden Rande die Blau- und

* Hervorhebungen von mir. P.B.

Violettfarbe, an dem mir zugekehrten Rande die rote und gelbe. Als ich mich darauf um die Quelle ringsum bewegte, folgte mir, wie natürlich bei einem solchen subjektiven Versuche, das Phänomen, und die Farben erschienen, bezüglich auf mich, immer dieselbigen.«

Als Gast beim Jugendfreund Jacobi in Pempelfort (November 1792) hat er Gelegenheit zur Selbstprüfung.

»Von meinen Beiträgen zur Optik hatte auch etwas verlautet und ich ließ mich nicht lange bitten, die Gesellschaft mit einigen Phänomenen und Versuchen zu unterhalten. [...]

Freilich konnte ich auf diese Weise nur didaktisch und dogmatisch verfahren; eine eigentlich dialektische und konversirende Gabe war mir nicht verliehen. Oft aber trat auch eine böse Gewohnheit hervor, deren ich mich anklagen muß: da mir das Gespräch, wie es gewöhnlich geführt wird, höchst langweilig war, indem nichts als beschränkte, individuelle Vorstellungsarten zur Sprache kamen, so pflegte ich den unter Menschen gewöhnlich entspringenden bornierten Streit durch gewaltsame Paradoxen aufzuregen und ans Äußerste zu führen. Dadurch war die Gesellschaft meist verletzt und in mehr als einem Sinne verdrießlich. Denn oft, um meinen Zweck zu erreichen, mußt' ich *das böse Prinzip spielen*[*], und da die Menschen gut sein und auch mich gut haben wollten, so ließen sie es nicht

[*] Hervorhebung von mir. P. B.

durchgehen; als Ernst konnte man es nicht gelten lassen, weil es nicht gründlich, als Scherz nicht, weil es zu herb war; zuletzt nannten sie mich einen umgekehrten Heuchler und versöhnten sich bald wieder mit mir. Doch kann ich nicht leugnen, daß ich durch diese böse Manier mir manche Person entfremdet, andere zu Feinden gemacht habe.«

VII. *Wilhelm Meister*

Der *Wilhelm Meister* ist auch wieder eine Welt für sich, mit der man nie fertig wird. Es mutet grotesk an, wenn Schiller am 2. Juli 1796 Goethe schreibt, er habe die acht Bücher, allerdings oberflächlich, in zwei Tagen gelesen, es habe ihm an Zeit gefehlt. Jahre, Jahrzehnte braucht man, um hinter die komplizierten, raffinierten Strukturen des Romans zu kommen.

Hier ein Beispiel: das Thema der Vaterschaft ist ein geheimer Leitfaden, das sich durch das ganze Werk zieht, und zwar auf zwei sich ergänzenden Ebenen: das gegensätzliche Verhältnis des Sohnes zum Vater als Faktor des Heranreifens (man denke an die Szene, in der Wilhelm den Hamlet spielt: der Geist erscheint, »als die ersten Töne aus dem Helme hervordrangen, glaubte Wilhelm eine Ähnlichkeit mit der Stimme seines Vaters zu bemerken«), andererseits das Heranreifen des Jünglings durch die Erfahrung der anderen Seite des Verhältnisses, nämlich dadurch, daß er selbst sich als Vater betrachten muß.

Im Grunde ist Wilhelm Meister, wie es Goethe selbst sagte, ein »armer Hund«, der in seinen Lehrjahren nichts wirklich lernt und nicht besser wird – auch hier eine Ironie Goethes, der Name *Meister*, wo Wilhelm weiß, und es auch ausspricht, daß er kein Meister ist, und fühlt, daß er es nie sein wird, der Name also zu ihm nicht paßt – nur eines, daß er, ohne es zu wissen, selbst zum Vater geworden ist.

Das erste Kapitel des ersten Buchs, ein sehr kurzes Kapitel von zwei Seiten, endet damit, daß der verliebte Wilhelm in das Zimmer von Mariane hereintritt: »Wer wagte hier zu beschreiben, wem geziemt es, die Seligkeit zweier Liebender auszusprechen! Die Alte ging murrend beiseite, wir entfernen uns mit ihr und lassen die Glücklichen allein.«

Erst viel später, gegen Ende des Romans, erfahren wir – erfährt Wilhelm –, daß in dieser ersten Nacht ein Sohn gezeugt wurde. »Da hast du deinen Sohn!« Ein Zyklus ist abgeschlossen, die nächste Generation ist da und fängt an, ihre Rolle zu spielen. Sie lernt das Spielen. Aber kann ein Kind das Spielen von der älteren Generation lernen?

Ganz am Ende des Romans (Achtes Buch, Siebentes Kapitel) versucht Wilhelm mit seinem Sohn zu spielen: »Der Knabe war mit einem neuen Spielwerke beschäftigt, der Vater suchte es ihm besser, ordentlicher, zweckmäßiger einzurichten; aber in dem Augenblick verlor auch das Kind die Lust daran. Du bist ein wahrer Mensch! rief Wilhelm aus. Komm, mein Sohn! komm, mein Bruder! laß uns in der Welt zwecklos hinspielen, so gut wir können!«

Ein anderer Leitfaden ist das Thema der Gesellschaft als Schauspiel, als Schule. Wohlgemerkt: dies hat weder mit Calderons oder Hofmannsthals Auffassung des Welttheaters, der Welt als Theater, zu tun, noch etwa mit Balzacs *Comédie humaine*, der Gesellschaft als Tragikomödie. Das Theater gilt Goethe als Modell zum Verständnis der »Societät«, wie er zu sagen beliebt, als eine Schule zum Erlernen und Exerzieren der Spielregeln; ein Modell auf reduziertem und manipulierbarem Maßstab. Im *Wilhelm Meister* werden drei solche mikrokosmischen Modelle nacheinander dargestellt.

Das einfachste, primitivste Modell ist das hölzerne Puppenspiel. Ausgangspunkt des Ur-Meisters, der *Theatralischen Sendung*, ist das dem Kinde zu Weihnachten geschenkte Puppenspiel. Da hat Goethe nichts zu erfinden brauchen, sondern einfach das eigene Erlebnis in den ersten dreizehn Kapiteln berichtet. Genauso wie in *Dichtung und Wahrheit* wird hier der Übergang vom Puppentheater zum Liebhabertheater einer Kindergesellschaft geschildert.

Im vierzehnten Kapitel verliebt sich Wilhelm Meister in Mariane, die Schauspielerin einer Wanderbühne. Dies leitet die zweite Stufe ein: die Schauspielertruppe als kleines Welttheater, eine sehr eng begrenzte »Societät«, etwas komplexer als das Puppentheater oder die Liebhabertruppe der Kinder, doch als relativ primitives Räderwerk leicht überschaubar.

In der endgültigen Fassung des Romans tritt eine dritte, höhere, kompliziertere, nicht mehr überschaubare Stufe der Organisation einer »Societät« auf: die Turmgesellschaft (nebst einem Hinweis auf die nicht unähnliche fromme Gemeinschaft der Herrnhutischen Gemeinde im Sinne Zinzendorfs, die auch als »Puppenwerk« bezeichnet wird). Die Turmgesellschaft ist ein den freimaurerischen Logen nicht unähnliches Gebilde, eine geschlossene, heimliche Gesellschaft von »heiligen Männern«, die im Verborgenen wirkt. Eine Zentralfigur dieser Gesellschaft ist der Abbé, »der gerne etwas Schicksal spielt«.

Doch bei der Initiation Wilhelms durchschaut dieser das Spiel: er wird gewarnt, daß alles, was er im Turm gesehen hat, »nur noch Reliquien von einem jugendlichen Unternehmen [sei], bei dem es anfangs den meisten Eingeweihten großer Ernst war, und über das nun alle gelegentlich nur lächeln«.

Wilhelm Meister ärgert sich: »Also mit diesen würdigen Zeichen und Worten spielt man nur?« Er teilt noch die landläufige Meinung, Ernst und Spiel seien gegensätzlich, wo gespielt werde, sei kein Ernst und umgekehrt. Durch Jarno wird er eines Besseren belehrt. So einfach ist das nicht. »Viele wünschen nur so ein Hausmittel zum Wohlbefinden, Rezepte. [...] Alle diese wurden mit Mystifikationen und anderm Hokuspokus teils aufgehalten, teils beiseite gebracht.«

Eine vierte, noch höhere Stufe wäre eine die ganze Welt umfassende brüderliche Gesellschaft, denn »nur alle Menschen machen die Menschheit aus, nur alle Kräfte zusammengenommen die Welt. Alles liegt im Menschen und muß ausgebildet wer-

den; aber nicht in einem, sondern in vielen« (Jarno).
Die Turmgesellschaft geht auseinander. Jarno: »Ich
bin im Begriff, nach Amerika überzuschiffen. [. . .]
Der Abbé will nach Rußland gehen. Aus unserm
alten Turm soll eine Societät ausgehen, die sich in
alle Teile der Welt ausbreiten, in die man aus jedem
Teil der Welt eintreten kann.«

Amerika, Rußland, die Welt (die Erde!) als Gan-
zes gesehen – diese jetzt zweihundert Jahre alte
Ansicht Goethes hat an Aktualität eher gewonnen.
Doch jetzt spielt »die Welt« ein anderes Spiel.

Es können wohl Dutzende solcher Konstruktionen
aus dem Roman herausgelesen werden, vorausge-
setzt, man nehme sich die Zeit, ihn zu lesen, und
richtig zu lesen. Nicht, wie Schiller, der ihn in zwei
Tagen hinter sich brachte.

Hat einer wirklich keine Zeit, den *Wilhelm Meister*
zu lesen (oder er seine Zeit lieber anders anwendet),
kann man ihm auch den Inbegriff des Romans in
einem vorhin zitierten Satz darbieten: »Du bist ein
wahrer Mensch! [. . .] Laß uns in der Welt zwecklos
hinspielen, so gut wir können!«

Das Rätselraten ist eines der ältesten Spiele der Welt. Rätselwettstreit, Rätselkämpfe, Rätselfragen, Rätselspiel gehören nach Huizinga zu den ältesten Formen des Kults, so z. B. in der vedischen, der griechischen und der altnordischen Überlieferung; und aus diesem kultischen Wettkampf, aus diesem heiligen Spiel, wird das philosophische Denken geboren.

Das Rätselraten ist gleichfalls eines der beliebtesten Gesellschaftsspiele, die Goethe in den Kreisen, in denen er verkehrte, zu organisieren wußte und an denen er sich aktiv beteiligte. Das Spiel mit Worten: ein schönes Spiel.

Diese Beliebtheit findet ihren Niederschlag in seinem ganzen Werk. Erstaunlich ist nur, wie selten Goethes Spielen mit dem Leser aufgedeckt wurde. Dies ist wohl darauf zurückzuführen, daß dieses Verhalten Goethes zum konventionellen Bild nicht recht passen will.

Man unterscheidet zwischen Silbenrätsel oder Scharaden und Worträtsel oder Logogriphen (vom Griechischen *logo-griphos*, Wortnetz). Außer den in seiner Dichtung enthaltenen Rätseln kennt man von ihm sechzehn selbständige Rätsel, Scharaden, Logogriphen, das erste vom Jahre 1796, das letzte vom Jahre 1825.

Hier das Bekannteste.

In einem Brief an Zelter vom 14. Februar 1814 schickt er ihm folgenden Zweizeiler als zu erratendes Rätsel:

> Das erste gibt mir Lust genug,
> Das zweite aber das macht mich klug.

Es sind mehrere Lösungen vorgeschlagen worden; die von Rupprecht Matthaei ist überzeugend:

> Schauen gibt mir Lust genug,
> Schaden aber der macht mich klug.

Dazu sagt Rupprecht Matthaei: »*In Alexis und Dora* (1796) schildert Goethe eine Wirkung des Rätsels, die von den hastigen Rätselratern unserer Zeit meist versäumt wird, weil sie mit dem Augenblicke, in dem sie die Probe ihres Witzes bestanden zu haben glauben, das köstliche Gebilde auch schon abtun. [. . .] Wenn das Ratspiel vorüber ist, dann gilt es [bei Goethe], das Geheimnis anzufassen; denn das ist der Teil des Rätsels, der bleibt.« (Matthaei, Rupprecht, *Ein Logogriph als Glied der großen Konfession Goethes*, in: *Goethe-Jahrbuch 1966.*)

Matthaei zitiert die Verse 25–30 von Goethes Elegie *Alexis und Dora*:

> So legt der Dichter ein Rätsel,
>   Künstlich mit Worten verschränkt, oft der
>   Versammlung ins Ohr:
> Jeden freuet die seltne, der zierlichen Bilder
>   Verknüpfung,
>   Aber noch fehlet das Wort, das die Bedeutung
>   verwahrt;

Ist es endlich gefunden, dann heitert sich jedes
Gemüt auf
Und erblickt im Gedicht doppelt erfreulichen
Sinn.

Die Elegie *Alexis und Dora* entstand im Mai 1796 in
Jena und wurde zuerst in Schillers *Musenalmanach
für das Jahr 1797* gedruckt. Ein umgearbeiteter Text
erschien 1800. Goethe hatte für das Gedicht eine
besondere Vorliebe und las es gern im kleinen Kreis
vor. In dieser Darstellung einer Verlobung in anti-
kem Kostüm vermutete eine Hörerin von damals,
Karoline Paulus, ein Geheimnis, das aber der Autor
selbst nicht gelüftet, sondern den Nachforschenden
»zur wiederholten Erwägung zum Geschenke« gemacht habe.

Damit wird aber die lange, lehrreiche und span-
nende Geschichte eines Mißverständnisses eingeleitet; einige Züge entlehne ich der Darstellung Albrecht Schönes (Schöne, Albrecht: *Alexis und Dora*,
in: *Götterzeichen, Liebeszauber, Satanskult, Neue Ein-
blicke in alte Goethetexte*, München 1982).

Albrecht Schöne spricht von dem »Sinnverken-
nungspotential«, von den »ideologisch-moralischen
Scheuklappen einer von traditionell-bürgerlichen
Wertvorstellungen bestimmten Leserschaft«, der zu-
folge »die Rezeptionsgeschichte sich als ›sukzessive
Entfaltung‹ eines Mißverständnisses« erweist. Dies
demonstriert Schöne anhand der genannten Elegie;
aber man kann mit gutem Recht allgemein sagen,
gerade diese »Befangenheit« habe zur Folge gehabt,
daß in den »historischen Rezeptionsstufen« zweier

Jahrhunderte Goethes Spieltrieb niemals zu seinem Rechte kam.

Zum »Rätsel« in *Alexis und Dora:* hier einige Beispiele von Fehldeutungen.

Hundert Jahre nach der Veröffentlichung des Gedichts, 1896, meinte der Philologe, Literarhistoriker und Goethe-Forscher Heinrich Düntzer, das Rätsel bestehe darin, daß Alexis die Reize der schönen Nachbarin lange nicht erkannt habe, Amor habe ihm eine Binde um die Augen gelegt. »Das ist das Rätsel, das sich endlich gelöst hat.«

Es verging noch ein halbes Jahrhundert, bis 1956 der Goethe-Forscher Emil Staiger ohne weitere Begründung sagte: »Die Lösung des Rätsels sind die Küsse, die Alexis und Dora tauschen.«

Etwas später, 1958, machte F. P. Pickering einen dritten Vorschlag: Das Wort des Rätsels sei *Fortuna-Occasio,* mit anderen Worten die beim Schopf gepackte Gelegenheit einer zufälligen Begegnung.

Albrecht Schöne weist mit Recht darauf hin, daß in diesen Interpretationen das Wort, das »die Bedeutung verwahrt«, außerhalb des Textes gesucht wird und jeweils der Phantasie des Kommentators entspringt – Amor, Küsse, Fortuna-Occasio –, wo das Schlüsselwort im Texte selber zu suchen ist; dies eine Spielregel des Rätselratens.

Für Albrecht Schöne ist das richtige Wort *die Myrte,* im Vers:

Und die Myrte bog blühend darüber sich hin.

In welchem Zusammenhang kommt die Myrte vor? Der Jüngling Alexis, der vor der Abreise steht, verabschiedet sich von seiner Nachbarin, dem Mädchen Dora, dem er bislang keine Aufmerksamkeit geschenkt hat. In ihrem Garten pflückt sie ihm einige Früchte zum Mitnehmen, beide treten in die Laube, um ein Körbchen zu finden – »Und die Myrte bog blühend darüber sich hin«.

Nun aber: Die Myrte war bei den Alten der Göttin der Liebe, der sinnlichen Liebe, geweiht. Die Myrten galten als »dienlich, die Liebe zu wege zu bringen«. Hier bedeutet die Myrte die Hingabe des Mädchens, auch als körperlicher Akt.

Am Mißverständnis und Unverständnis der Leser und Forscher ist die ideologisch-sittlich-moralische Befangenheit einer bürgerlichen Gesellschaft schuld gewesen: Die Liebe im Freien pflegen komme (so Heller, 1863!) »außer bei Bauerknechten und Thiergarten-Vagabunden« in unserer Zeit nicht vor. Bei den Alten sei es wohl anders gewesen, aber heute gehöre Dach und Bett dazu. Goethe wurde damit entschuldigt, daß er sich als Dichter »ganz auf den antiken Boden stellte«.

Im selben Sinne wurde Goethe dafür getadelt, daß das Verhalten des Alexis unstandesgemäß sei: »So verlangten einige bei dieser Elegie, daß ich dem Alexis hätte einen Bedienten beigeben sollen, um sein Bündelchen zu tragen« (Eckermann, 25. Dezember 1825).

Daß das Geschehen in der Laube durch die Blume gesagt wird und von Generationen nicht verstanden wurde, wäre nicht so schlimm. Bedeutender ist, daß wenn man, wie empfohlen, das Gedicht »vor und rückwärts« in neuem Lichte liest, viele Einzelheiten der Elegie eine andere, richtigere, »doppelt erfreuliche Bedeutung« annehmen.

So z. B. die Episode der Eifersuchtsanwandlung des Alexis auf dem Schiffe: »Ja ein Mädchen ist sie [...] sie kehret sich auch schnell zu dem anderen herum [...] Zeus! Donnere schrecklicher! [...] Treffe dein leuchtender Blitz diesen unglücklichen Mast! [...] Und mich gib den Delphinen zum Raub!«

Den Delphinen zum Raub? Hätte Goethe die Delphine mit Haifischen verwechselt? In der ganzen antiken und klassischen Tradition sind die Delphine als Menschenretter bekannt, die im Meer verunglückte Menschen ans Land tragen. Delphine als Raubtiere? Unmöglich. Der Ausruf des Alexis hat eine andere Bedeutung: durch das Nennen der Delphine wird der heimliche Rettungswunsch des Alexis signalisiert, und damit der glückliche – nicht tragische – Ausgang der Elegie. Albrecht Schöne: »Erkennt der Leser am Ende im Verzweiflungsausbruch des Alexis das hyperbolische Pathos, im Bericht des Erzählers die Ironie verstellter Rede und durchschaut so den freundlichen Sinn des schrecklichen Verses – *dann heitert sich jedes Gemüt auf.*«

Noch ein Mißverständnis: Es hat anderthalb Jahrhunderte gedauert, bis (erst 1958!) die vorhin zitierten »Rätsel«-Verse als das gedeutet wurden, was sie sind, nämlich keine Rede des Alexis, sondern ein »versetzter Prolog« des Dichters. Die Rezeptionsgeschichte der Elegie *Alexis und Dora* hinterläßt einen verheerenden Eindruck von Unverständnis. Schiller als erster, aber nach ihm Friedrich Schlegel (der von einer »kleinen Ungeschicklichkeit« Goethes sprach!), über Loeper, Düntzer, Korff, Staiger, Pickering u. a. m., allen hat es »eigentlich an der Aufmerksamkeit gefehlt, die ein so obligates Werk verlangt« (Brief Goethes an Schiller, 7. Juli 1796) und die Goethe von seinen Hörern und Lesern erwartete. In derselben Nummer des Musenalmanachs veröffentlichte Goethe das Distichon:

Hast du an liebender Brust das Kind der Empfindung
gepflegt,
    Einen Wechselbalg nur gibt dir der Leser zurück.

Und nun ein Letztes: Die Egalisierungstendenz der heutigen Rezeptionsästhetik neigt dazu, die Gleichgültigkeit aller Deutungen zu dekretieren. Der eine sagt dies, der andere sagt das, wo ist der Unterschied? Sind nicht alle demokratisch gleichberechtigt, warum sollte der eine Recht haben und die anderen im Unrecht sein? Ist es nicht elitär, die Wahrheit für den einen unter Ausschluß der anderen zu beanspruchen?

Ich bitte: *Nein*, alle Deutungen sind nicht in einen Sack – den Sack der falsch verstandenen Hermeneutik – zu werfen.

Hier ist das überzeugendste Argument für Albrecht Schönes Deutung, daß der »Schlüssel« des

Gedichts, der Myrte-Vers, sich durch eigene Metrik, durch eigene Alliteration (»bog blühend«), durch variierte Bearbeitung (es gibt vier Fassungen des Verses!) sich vor den anderen Versen auszeichnet, also des Dichters besondere Aufmerksamkeit verdiente, weil ihm eine wichtige Funktion im Gedicht zugewiesen war.

Ausschlaggebend ist letztlich die Tatsache, daß dieser Schlüsselvers das Zentrum des Gedichts behauptet – ein Verfahren, daß zu Goethes Zeit auch von anderen Dichtern, z. B. Hölderlin, benutzt wurde: In der Mitte des Kunstwerks liegt das »offene Geheimnis«, der Schlüssel des Rätsels.

Etwa gleichzeitig, am 21. Dezember 1795, schickte Goethe das Manuskript vom *Märchen* an Schiller mit den Worten: »Ich hoffe, die achtzehn Figuren dieses Dramatis sollen, als soviel Rätsel, dem Rätselliebenden willkommen sein.«

Nun zum *West-östlichen Divan*: der ganze Divan ist von Goethe als Spiel, Vermummung, Scherz, schalkhaft-eigensinniges Spielen und Rätselraten gemeint. In den Noten und Abhandlungen zum Divan meinte er, ein jedes Buch sei »nur für Teilnehmer, für Freunde, für Liebhaber des Verfassers geschrieben«. An Carl Ernst Schubarth, der sich vorgenommen hatte, Goethes Werk zu interpretieren, schrieb Goethe: »Auch wird Ihr Kampf mit dem Divan nicht ohne Frucht sein.« Doch sind heute noch nicht alle von Goethe aufgegebenen Rätsel gelöst worden.

Als Goethe im Sommer 1814 die Liedersammlung des Dichters Hafis, den Divan, in der kurz zuvor erschienenen Übersetzung kennenlernte, war er 65 Jahre alt. Staunend erkannte er im persischen Dichter des 14. Jahrhunderts einen, in dem er sich selbst wiederfand: »lebensfreudig, diesseitig, aber letztlich voll tiefer religiöser Sehnsucht, vom Irdischen auf das Ewige schließend. [...] Gedichte von Liebe, Wein, Nachtigall und Rose, erfüllt von Leidenschaft, doch zugleich diese sich bewußt machend, ja mit ihr spielend. [...] Dieser weltfrohe Mystiker mißverstanden und angegriffen von engherzigen Eiferern. [...] Parallelen genug. Alles ist zugleich sinnlich und geistig, dinglich und mystisch.« (Erich Trunz) Zum Buch des Paradieses sagt Goethe: »Scherz und Ernst verschlingen sich hier so lieblich ineinander, und ein verklärtes Alltägliche verleiht uns Flügel, zum Höheren und Höchsten zu gelangen.«

Die Dichtung des Hafis und die eigene, zumindest die, die »seinen Jahren ziemt«, in einem charakterisierend, sagt Goethe: »Unbedingtes Ergeben in den unergründlichen Willen Gottes, heiterer Überblick des beweglichen, immer kreis- und spiralartig wiederkehrenden Erdetreibens, Liebe, Neigung, zwischen zwei Welten schwebend, alles Reale geläutert, sich symbolisch auflösend« (Brief an Zelter, 11. Mai 1820).

Er behält eine »skeptische Beweglichkeit« zwischen dem Tiefsten und dem Alltag, zwischen weltfroher Mystik und Scherz. In den *Noten und Abhandlungen zu besserem Verständnis des West-östlichen Divans* schreibt Goethe: »Der geistreiche Mensch, nicht zufrieden mit dem, was man ihm darstellt, betrachtet alles, was sich den Sinnen darbietet, als eine Vermummung, wohinter ein höheres geistiges Leben sich schalkhaft-eigensinnig versteckt, um uns anzuziehen und in edlere Regionen aufzulocken.«

Um dieses »schalkhaft-eigensinnige« Versteckspiel – und zwar nicht allein, sondern mit Marianne von Willemer als Partnerin – zu spielen, will er dem Weltgeist gegenüber als Vermummter, in orientalischem Kostüm auftreten.

»Am liebsten wünschte der Verfasser [des W.-ö. Divans] als ein Reisender angesehen zu werden, dem es zum Lobe gereicht, wenn er sich der fremden Landesart mit Neigung bequemt, deren Sprachgebrauch sich anzueignen trachtet, Gesinnungen zu teilen, Sitten aufzunehmen versucht. Man entschuldigt ihn, wenn es ihm auch nur bis zu einem gewissen Grade gelingt, wenn er immer noch an einem eigenen Akzent, an einer unbezwinglichen Unbiegsamkeit seine Landsmannschaft als Fremdling kenntlich bleibt.«

Goethe »übernimmt eine Rolle«, aber er läßt auch in den Noten durchblicken, was er damit beabsichtigt. Diese »Selbstverleugnung nach außen, welche auf einem großen inneren Werte ruhend, als die höchste Eigenschaft des Menschen angesehen«, von

der Gesellschaft als Bescheidenheit verstanden und
gepriesen wird, ist nur eine »gesellige Tugend«, die
»immer mit Verstellung verknüpft« ist. »Die Menge«, die sich in ihrem »behaglichen Selbstgefühl«
nicht irremachen läßt, weiß immer an den vorzügli-
chen Menschen vorerst »ihre Bescheidenheit« zu
preisen, ohne sich auf ihre Qualitäten sonderlich
einzulassen. So ist ein bescheidenes Verhalten »eine
Schmeichelei, die [. . .] dem anderen wohltut« und
einen vor neidischen Angriffen schützt.

> *Saki Nameh:*
> Sitz' ich allein,
> Wo kann ich besser sein?
> Meinen Wein
> Trink' ich allein,
> Niemand setzt mir Schranken,
> Ich hab' so meine eignen Gedanken.

> *Buch der Sprüche:*
> Sich im Respekt zu erhalten,
> Muß man recht borstig sein,
> Alles jagt man mit Falken,
> Nur nicht das wilde Schwein.

> Was klagst du über Feinde
> Sollten solche je werden Freunde
> Denen das Wesen wie du bist,
> Im Stillen ein ewiger Vorwurf ist?

Und schließlich:

> Das Leben ist ein Gänsespiel:
> Je mehr man vorwärts gehet,
> Je früher kommt man an das Ziel,
> Wo niemand gerne stehet.
>
> Man sagt, die Gänse wären dumm,
> O glaubt mir nicht den Leuten:
> Denn eine sieht einmal sich 'rum,
> Mich rückwärts zu bedeuten.
>
> Ganz anders ist's in dieser Welt,
> Wo alles vorwärts drücket,
> Wenn einer stolpert oder fällt,
> Keine Seele rückwärts blicket.

Und zuletzt spricht die Huri:

> Du aber bist von freiem Humor.

IX. *Faust I, Faust II*

Und nun zum *Faust*, zu diesem »seltsamen Gebäu«, zu diesen »sehr ernsten Scherzen«.

Auch Schiller wurde daran irre. Im Juni 1797, da Goethe das alte Manuskript wiederaufnahm – »ich wage nicht, das Paket aufzuschnüren, das ihn gefangen hält« – und die Fragmente seinem Freund unterbreitete, schrieb ihm Schiller: »Ich hab' es einmal für immer aufgegeben, Sie mit der gewöhnlichen Logik zu messen.« »Den *Faust* habe ich nun wieder gelesen, und mir schwindelt ordentlich vor der Auflösung. [...] Der Teufel behält durch seinen Realism vor dem Verstand, und der Faust vor dem Herzen recht. Zuweilen aber scheinen sie ihre Rollen zu tauschen, und der Teufel nimmt die Vernunft gegen den Faust in Schutz.« Ja, warum denn nicht? Ist man dazu verurteilt, eine einzige Rolle zu spielen, immer dieselbe?

Irgendwann zwischen 1798 und 1800 entwirft Goethe einen »Zweiten Teil«. Am 21. September 1800 liest Goethe seinem Freund in Jena den fertigen Teil der Helena-Episode vor. Schiller schreibt ihm: »Gelingt Ihnen diese Synthese des Edlen mit dem Barbarischen, wie ich nicht zweifle, so wird auch der Schlüssel zu dem übrigen Teil des Ganzen gefunden sein.« Dies will aber sagen, daß zumindest ihm, Schiller, dieser Schlüssel noch fehlt. Er wird ihm immer fehlen, denn gerade da, wo Schiller den

Schlüssel sucht, gibt es keinen. Im Faust-Manuskript, das er zu beurteilen hatte, suchte Schiller vergeblich nach einem abstrakten »Schlüssel«, einer »Idee« in seinem Sinn des Wortes; einen solchen Schlüssel gibt es im *Faust* nicht. Goethe hat es wohlweislich vermieden, sich darüber mit Schiller auseinanderzusetzen; dazu war er zu höflich und zu entgegenkommend. Aber sein Ärger macht sich später – dreißig Jahre später – Luft in einem Gespräch mit Eckermann, wo Schiller wohl nicht genannt, doch gemeint ist. »Die Deutschen [lies: wie Schiller einer war] sind wunderliche Leute! Sie machen sich durch ihre tiefen Gedanken und Ideen, die sie überall suchen und überall hineinlegen, das Leben schwerer, als billig. [. . .] Denkt nur nicht immer, es wäre alles eitel, wenn es nicht irgend abstrakter Gedanke und *Idee* wäre!«

Sein Ärger war durch Eckermanns dumme Frage ausgelöst worden: welche *Idee* Goethe im Tasso zur Anschauung zu bringen gesucht habe. »Idee? sagte Goethe – daß ich nicht wüßte! Ich hatte das *Leben* Tassos, ich hatte mein eigenes *Leben*, es entstand mir das *Bild* des Tasso. . . [es] ist Bein von meinem Bein und Fleisch von meinem Fleisch.«

Bald kommt er darauf, vom Faust (und verkappt von Schiller) zu sprechen. »Da kommen [die Deutschen] und fragen, welche *Idee* ich in meinem Faust zu verkörpern gesucht. Als ob ich das selber wüßte und aussprechen könnte! ›Vom Himmel durch die Welt zur Hölle‹, das wäre zur Not etwas; aber das ist keine *Idee* [. . .]; daß der Teufel die Wette verliert

[. . .] ist keine *Idee*, die dem Ganzen und jeder einzelnen Szene im besonderen zugrunde liege. Es hätte auch in der Tat ein schönes Ding werden müssen, wenn ich ein so reiches, buntes und so mannigfaltiges Leben, wie es im *Faust* zur Anschauung gebracht, auf die magere Schnur einer einzigen durchgehenden Idee hätte reihen wollen!«

Als Poet habe er nicht nach Verkörperung von etwas Abstraktem zu streben, sondern Anschauungen und Eindrücke auszubilden und durch eine lebendige Darstellung zum Vorschein zu bringen. Mehr nicht.

Beim *Faust* soll die Menge der Zuschauer Freude an der Erscheinung haben.

Ein zweiter Aspekt der Faust-Tragödie hat Schiller befremdet: Als der Techniker der Dramaturgie, der er war, hat Schiller den *Faust als Tragödie* als mißlungen empfunden, und damit hat er wohl nicht unrecht.

Goethes Verhältnis zur dramatischen Darstellung, zum Schau-spiel ist nicht einfach und nicht völlig positiv. Er hat übrigens an Shakespeares Dramaturgie eine Kritik geübt, bei der er vielleicht an sich selbst dachte und deren Grundsätze auf ihn Anwendung finden dürften.

In seiner letzten Schrift über Shakespeare, *Shakespeare als Theaterdichter* (1826), sagt er, Shakespeares Name und Verdienst gehören in die Geschichte der Poesie, aber... Aber »in der Geschichte des

Theaters tritt er nur zufällig auf«. Shakespeare sei mehr Dichter überhaupt gewesen als Theaterdichter.

Wohl weiß er *den Leser* zu gewinnen, aber »Shakespeares ganze Verfahrungsart findet an der eigentlichen Bühne etwas Widerstrebendes«. Goethe leugnet, »und zwar zu seinen Ehren, daß die Bühne ein würdiger Raum für sein Genie gewesen«.

Shakespeares Stücke sind »höchst interessante Märchen, nur von mehreren Personen erzählt, die sich, um etwas mehr Eindruck zu machen, charakteristisch maskiert [haben]«.

Um auf die Bühne gebracht zu werden, müssen Shakespeares Stücke von einem guten Dramaturgen, wie Schröder einer war, stark bearbeitet, ja redigiert werden. »Will man ein Shakespearisch Stück sehen, so muß man wieder zu Schröders Bearbeitung greifen.« Die Meinung, bei der Vorstellung von Shakespeare dürfe kein Jota gestrichen werden, ist sinnlos. »Behalten die Verfechter dieser Meinung die Oberhand, so wird Shakespeare in wenigen Jahren ganz von der deutschen Bühne verdrängt sein, welches denn auch kein Unglück wäre; denn der einsame oder gesellige Leser wird an ihm desto reinere Freude empfinden.«

Als *homo ludens* hat Goethe seit der frühesten Kindheit das Schauspiel in allen möglichen Formen geliebt und geübt. Ist er aber damit auch glücklich gewesen?

Mit dem Puppentheater ist er zur Welt erwacht. Seinen Wilhelm Meister läßt er kaum einen anderen

Lehrgang als den Umgang mit einer fahrenden Truppe von Komödianten zugute kommen. Als Autor hat Goethe Dutzende von Schauspielen verschiedener Art verfaßt, von der derbsten Posse bis zum Zweiten Faust, vom *Pater Brey* bis zur *Iphigenie*; und doch hat er nie einen wirklichen Bühnenerfolg erzielt. Als Dramatiker ist er gescheitert.

Er sagt es selbst: »*Iphigenie* kam, nicht ohne Abkürzung, schon 1802 auf die Weimarische Bühne; *Tasso*, nach langer stiller Vorbereitung erst 1807.« Zum ersten Mal erschien im September 1804, also nach dreißig Jahren, der *Götz von Berlichingen* auf dem Theater. »Obgleich Schiller diese neue Bearbeitung selbst nicht übernehmen wollte, so wirkte er doch treulich mit und wußte durch seine kühnen Entschließungen dem Verfasser manche Abkürzung zu erleichtern und war mit Rat und Tat vom ersten Anfange bis zur Vorstellung einwirkend.«

Das von Goethe dirigierte Weimarer Theater hatte stets nur den Ruf eines Liebhabertheaters, eines höfischen Dilettantentheaters. Eine Bühnentradition wurde in Weimar nicht begründet. In dieser Hinsicht hat selbst Gottsched mehr geleistet.

Wohl sind die von Goethe 1803 verfaßten *Regeln für Schauspieler* ein großartiges und köstliches Zeugnis seines ganz konkreten Interesses sowohl für den Vortrag wie auch für Haltung und Bewegung der Schauspieler: »Die neumodische Art, bei langen Unterkleidern die Hand in den Latz zu stecken, unterlassen Sie gänzlich. Es ist äußerst fehlerhaft, wenn man die Hände entweder übereinander oder auf dem Bauche ruhend hält, oder eine in die Weste, oder vielleicht gar beide dahin steckt. Die Hand selbst muß weder eine Faust machen, noch, wie beim Soldaten, mit ihrer ganzen Fläche am Schenkel liegen, sondern die Finger müssen teils halb gebogen, teils gerade, aber nur nicht gezwungen gehalten werden [. . .] Die malende Geberde mit der Hand gegen die Brust, sein eigenes Ich zu bezeichnen, geschehe so selten als nur immer möglich [. . .]« usw.

Ist Goethe selbst ein guter Schauspieler gewesen? Genauso wie Wilhelm Meister erkennen muß, er werde es nie sehr weit bringen, hat Goethe einsehen müssen, er sei als Schauspieler nicht überzeugend. Eine einzige Rolle hat er mit Erfolg gespielt, und zwar – im Leben – die eigene: sich selbst als Figur. Vielleicht sogar mit einem zu weitgehenden Erfolg, denn seine eigene Person hat man mit der von ihm gespielten Figur nur zu oft verwechselt.

Wenn hinter der Faust-Tragödie eine Idee steckte... aber wir haben gesagt, daß es das nicht gibt; doch wenn es einen Leitgedanken gäbe, dann wäre es die Idee der Wette.

Im Volksbuch schließt Faust einen *Pakt* mit dem Teufel: hienieden wird ihm der höllische Geist dienlich sein; der Vertrag soll vierundzwanzig Jahre währen, dann soll der Satan über Fausts Leib und Seele zu schalten und walten Macht haben. Den Vertrag unterschreibt Faust mit eigenem Blut.

Nun aber: die *Wette* ist kein Pakt, sondern ein Spiel, zuerst das und zuletzt nichts als das; und die Wette zwischen Faust und Mephisto ist Goethes Beitrag zur Faustlegende, sein eigener Einfall.

Um das eigene Heil wetten! Die Seele als Unterpfand aufs Spiel setzen! Was sagen die Theologen dazu? Man wird wohl entgegnen, Pascal habe schon das Wetten in die Theologie eingeführt: *le pari de Pascal*... Aber es muß festgestellt werden, daß die Wette von Pascal mit dem Heil der Seele nichts zu tun hat: man solle, nach Pascals Meinung, nur um den Glauben wetten, nicht um das Heil, von dem man nichts wissen kann. Also eine dem deutschen Dichter völlig fremde Auffassung der Wette.

 – Die Wette biet' ich!
  – Topp!
   – Und Schlag auf Schlag!

Wie geht die Wette aus? Wer gewinnt? Eben, keiner. Goethe schrieb an Schubart (3.11.1820): »Mephistopheles darf seine Wette nur halb gewinnen.« Er stand nämlich vor einem kunsttechnischen Problem: Wenn das Publikum das Ergebnis der Wette – gewonnen oder verloren? – im voraus weiß (und so etwas spricht sich schnell herum), fällt die Spannung. Mit Goethes Lösung – nur halb gewonnen –, bei welcher man nicht weiß, welche Hälfte gewonnen, welche verloren geht, bleibt die Spannung erhalten.

Es soll bemerkt werden, daß die Wette zwischen Faust und Mephistopheles nur die irdische Fassung einer anderen Wette ist, nämlich der Wette zwischen dem Herrn im Himmel und dem verneinenden Geist:

DER HERR:

> Wenn er mir jetzt auch nur verworren dient,
> So werd' ich ihn bald in die Klarheit führen.

MEPHISTO:

> Was wettet Ihr?
> [. . .]

DER HERR:

> Ein guter Mensch in seinem dunklen Drange,
> Ist sich des rechten Weges wohl bewußt.

MEPHISTO:

> Schon gut! nur dauert es nicht lange.
> Mir ist für meine Wette gar nicht bange.

Die Wette ist nicht vom Herren, sondern von Mephistopheles vorgeschlagen worden. Mephistos Spieltrieb!

Alles in allem: Mephistos Hauptmerkmal ist sein Humor, manchmal ein ziemlich derber: Goethes Humor.

Das Thema der Mänechmen, der Zwillingsbrüder, die man miteinander verwechselt, das Plautus klassisch machte, hat Goethe immer wieder beschäftigt, bis zum berühmten »zwei Seelen wohnen, ach! in meiner Brust«.

Die Lehre der zwei Seelen ist ein alter *topos*. Im *Phaidros* vergleicht Platon die Seele mit einem Zweigespann: von den Rossen ist das eine schön und gut;

das andre gegenteilig in Rasse und Art. »Schwierig und mühselig ist daher die Lenkung.« In der Cyropädie meinte Xenophon von Araspes, »er müsse ohne Frage zwei Seelen haben, denn *eine* Seele könne nicht zugleich böse und gut sein, noch zugleich etwas wollen und es auch nicht wollen«.

An die Römer schrieb Paulus: »Ich habe Lust an Gottes Gesetz nach dem inwendigen Menschen. Ich sehe aber ein ander Gesetz in meinen Gliedern, das da widerstreitet dem Gesetz in meinem Gemüte.« (Römer, 7, 22 f.)

Descartes widmet ein Kapitel des Traktats *Les passions de l'âme* »den Kämpfen, die man gewohnt ist, sich vorzustellen zwischen dem niedrigen Teil der Seele, nämlich dem empfindsamen, und dem höheren, dem vernünftigen, oder auch zwischen den Gelüsten und dem Willen«. Doch, so behauptet Descartes, gibt es nur eine Seele, eine einheitliche: »Der Irrtum rührt daher, daß man diese Seele zwei entgegengesetzte Rollen spielen läßt und gleichsam Auseinandersetzungen, Streite zwischen zwei Personen inszeniert.«

Neuerdings ist die Lehre der »zwei Seelen« modernisiert worden, so bei Freud (Ich und Es), bei C. G. Jung (*animus* und *anima*, eine dem Lukrez entlehnte Benennung) und Gaston Bachelard.

Es sei bei dieser Gelegenheit nochmals daran erinnert, daß Goethe einer der Urstifter der Tiefenpsychologie gewesen ist. Sein vierzig Jahre jüngerer Freund und Verehrer Carl Gustav Carus ist im

19. Jahrhundert einer derjenigen gewesen, die den Begriff des »Unbewußten« als Gegensatz zur bewußten Psyche prägen halfen.

»Zwei Seelen«... – und was, wenn von den »zwei Seelen« die eine Faust hieß, und die andere Mephistopheles?

Wer ist denn Mephistopheles, »des Pudels Kern«? Ein Widersacher, das wohl; aber ein innerer.

Nach einem Besuch in Weimar schreibt der Diplomat und Politiker Friedrich von Gentz an die Berlinerin Rahel Levin: »Von Goethe muß ich behaupten, daß zwei Menschen in ihm stecken. Eine Art Mephistopheles, und das nicht einmal ein pikanter – dann das allmächtige Dichtergenie. Sonst war er mir als Mensch zuwider, diesen Sommer habe ich ihn ertragen gelernt, jedoch bloß, [...] weil ich inne ward, daß ich ihn zu hoch nahm, indem ich ihn mit Widerwillen betrachtete. Aus dem persönlichen Umgang mit ihm kommt in aller Ewigkeit nichts heraus.«

Den inneren Dialog hat Goethe im *Faust* inszeniert, auf die Bühne gebracht. Dies ein mephistophelischer Gedanke, an dem manche irregeworden sind. Goethes Spieltrieb hat viel mit seinem »inneren Mephisto« zu tun, mit dem Komödianten Wolfgang Goethe.

Zweimal – einmal im Ersten, einmal im Zweiten Faust – spielt Mephisto die Rolle des altehrwürdigen Professors.

Im Ersten: Mephistopheles, in Fausts langem Kleide, tritt als humoristischer Rationalist auf. »Verachte nun Vernunft und Wissenschaft, / Des Menschen allerhöchste Kraft«... Dem Schüler schreibt er ins Stammbuch den Spruch der Schlange: »*eritis sicut Deus scientes bonum et malum*«. Schließlich ist es die Neugier, der Wissensdurst, die den Menschen aus dem Paradiese getrieben haben.

Im Zweiten Faust übernimmt Mephistopheles ein zweites Mal die Rolle des Professors. Der inzwischen zum Baccalaureus avancierte ehemalige Fuchs besucht ihn wieder. Mephistopheles: »Die Raupe schon, die Chrysalide deutet / Den künftigen bunten Schmetterling.«

Hier stehen die berühmten Sprüche:

MEPHISTO:
Du weißt wohl nicht, mein Freund, wie grob du bist?
BACCALAUREUS:
Im Deutschen lügt man, wenn man höflich ist.

Und:

BACCALAUREUS:
Das Alter ist ein kaltes Fieber.
Hat einer dreißig Jahre vorüber,
So ist er schon so gut wie tot.
Am besten wär's, euch zeitig totzuschlagen.
MEPHISTO:
Der Teufel hat hier weiter nichts zu sagen.
BACCALAUREUS:
Wenn ich nicht will, so darf kein Teufel sein.
MEPHISTO (abseits):
Der Teufel stellt dir nächstens doch ein Bein.

Beiläufig gesagt: hinter der Faust-Figur der Puppenspiele und der Faustbücher steht ein historischer
Faust, von dem Goethe wenig gewußt hat, wenn
überhaupt. Es hätte ihm doch Freude gemacht, in
diesem Faust, den es wirklich gegeben hat, einen
ihm verwandten wissensdurstigen Geist zu erkennen.

Der Dr. Jörg Faust (es steht nicht fest, ob er
Georg oder Johann mit Vornamen hieß) soll um
1480 im württembergischen Städtchen Knittlingen
geboren sein. Er war also ein Altersgenosse Martin
Luthers, vielleicht ein paar Jahre älter. Ob sich ihre
Wege je gekreuzt haben, steht nicht fest. Er soll an
der Universität Krakau, so sagt man, Magie studiert
haben: dies stimmt insofern nicht, als Magie an der
Universität Krakau nicht gelehrt wurde. Die Universität Krakau war eine damals sehr moderne,
wissenschaftlich fortgeschrittene Universität; viel
fortgeschrittener als die deutschen Universitäten,
unter anderem auf dem Gebiet der Chemie. Bis jetzt
hat sich Georg Fausts Name auf den Eintragslisten
der Universität Krakau nicht nachweisen lassen.

Daß er sich selbst als »fons necromanticorum,
astrologus, magus secundus«, also Totenbeschwö-
rer, Sterndeuter, heilverkündender Magier ausgab,
will nichts besagen: hat sich doch Kepler, vielleicht
der größte der Astronomen, noch hundert Jahre
nach Georg Faust sein Leben mit astrologischen
Voraussagen verdient, an die er nicht glaubte.

Manche überlieferten Züge des historischen Faust
lassen sich unschwer rekonstruieren.

Erstes Beispiel: Der historische Faust soll sich gerühmt haben, die Schriften von Platon und Aristoteles, wenn sie verlorengingen, besser wiederherzustellen. Man sagte: »durch seine magische Kunst«. Nein, sondern durch eine strenge philologische Arbeit, wie sie im 19. Jahrhundert auf dem Gebiet der klassischen Philologie besonders in Deutschland mit Erfolg betrieben wurde. Insofern war Faust nichts anderes als ein Vorgänger von Wilamowitz-Möllendorf.

Zweites Beispiel: Jörg Faust soll an der Universität Erfurt den Studenten Vorlesungen über Homer gehalten und dabei dessen Helden, u. a. Helena, leibhaftig vorgeführt haben: durch seine magische Kunst, sagt man. Nein. Dem ist gar nicht so. Man erinnere sich nur daran, daß im barbarischen westlichen Europa die griechische Sprache seit dem Untergang des römischen Reiches in Vergessenheit geraten war. Die Mönche, die in den mittelalterlichen Klöstern lateinische Manuskripte auf Pergament abschrieben, setzten, wenn sie Zitaten in griechischer Sprache begegneten (alle kultivierten Römer sprachen sowohl griechisch als lateinisch), an der Stelle die Worte: *graecum est, non legitur* – es ist Griechisch, das liest man nicht.

Erst als 1453 die Türken Konstantinopel eroberten und die reichen Byzantiner die Flucht ergriffen, änderte sich die Situation. Genauso wie manche gebildeten französischen und deutschen Emigranten, die 1940 vor der deutschen Invasion nach Amerika auswanderten, nahmen sie das Kostbarste mit und schlugen sich zuerst damit durch, daß sie drüben Sprachunterricht erteilten. Aus Konstantinopel brachten die Byzantiner einige altertümliche Manuskripte mit – und die lebendige Kenntnis der griechischen Sprache.

Aldus Manutius gründete in Venedig um 1489 eine Druckerei, die zum erstenmal die griechischen Meisterwerke einem breiteren Publikum zugänglich machte. Die altgriechische Literatur erlebte eine Renaissance. Das neue Verständnis der altgriechischen Texte leitete den Humanismus ein. Der historische Faust war ein Humanist, einer der allerersten.

Doch die meisten Gelehrten entzifferten damals nur mit Müh und Not die griechische Schrift und lallten die Sätze nur so hin. In Erfurt aber überraschte Faust seine Studenten damit, daß er die Texte Homers fließend vorlas, ja vortrug, so z. B. die herrliche Szene des Dritten Gesangs der *Ilias*. Danaer und Troer stehen einander gegenüber, der letzte Versuch einer Friedensvermittlung wird gemacht. Priam steht auf der Mauer neben Helena, unten sind die Danaer unter ihren Augen versammelt. Priam fragt Helena: Du kennst doch alle, die da unten? Der da, der schöne, stattliche Mann ist wohl ein König? Helena: Ja, ein trefflicher König und tapferer Streiter, Agamemnon. Er ist mein Schwager gewesen, in früheren Zeiten, wenn dies je gewesen ist. Ich aber bin nichts als eine Hündin!

Diese hochdramatische Szene hat wohl Faust seinen Studenten mit Nachdruck vorgelesen oder rezitiert, mit dem richtigen Ton. »Allein der Vortrag macht des Redners Glück«, sagt Wagner (V. 546).

Die Studenten, die ihm zugehört hatten, erzählten dann in der Stadt, man habe den Eindruck gehabt, als sei Helena leibhaftig dagewesen. Das Volk interpretierte diese künstliche Gegenwart als Totenbeschwörung und magische Kunst, man setzte die Legende in Umlauf.

Auch die Legende des Pakts mit dem Teufel läßt sich sehr einfach erklären, und sie ist auf Faust selbst zurückzuführen. Die Umstände waren folgende. Sei es aus Veranlagung, sei es um griechische Sitten wiederzubeleben, auf jeden Fall galt Faust als Außenseiter, und wurde als solcher aus Kreuznach, aus Erfurt, aus Wittenberg, aus Ingolstadt, aus Nürnberg ausgewiesen. In Ingolstadt wäre er fast gelyncht worden. Er rettete sich nur dadurch, daß er dem aufgebrachten Volk zurief, er habe einen Pakt mit dem Teufel, und wenn ihm etwas zuleide getan werde, würde sich der Teufel an den Ingolstädtern rächen. Man ließ ihn ungeschoren auf das Versprechen hin, er werde die Stadt in Ruhe und Frieden verlassen und den Teufel nicht auf die Ingolstädter hetzen. Daher die Legende.

Manches erhellt aus einer eingehenden Analyse der Struktur des Ersten Fausts. Mit Recht wies Hans Mayer darauf hin, daß weder der Urfaust noch Faust II den Titel *Faust. Eine Tragödie* verdienen. »Faust II ist keine Fortsetzung von Faust I.«

Irgendwann zwischen dem Urfaust, ja dem 1790 veröffentlichten *Faust. Ein Fragment* und der endgültigen Fassung hat Goethe Gelegenheit gehabt, den Faust-Entwurf Lessings in die Hände zu bekommen, und wahrscheinlich auch den Brief von Johann Jakob Engel (1741–1802) an Lessings Bruder, Karl Gotthelf, dem Herausgeber von G. E. Lessings Theatralischem Nachlaß (1784–1786). Durch den Bericht Engels erfahren wir, daß ihm G. E. Lessing einiges aus seinem Faust-Entwurf mitgeteilt hatte. An folgendes erinnert er sich: Satan sucht einen wissensdürstigen Jüngling namens Faust zu verführen. Dessen einzige Schwäche ist die Wißbegierde. Doch meint Satan, »das ist genug zum Verderben«. »Diesen Faust begräbt der Engel in einen tiefen Schlummer und erschafft an seiner Stelle ein Phantom, womit die Teufel so lange ihr Spiel treiben, bis es in dem Augenblick, da sie sich seiner völlig versichern wollen, verschwindet. Alles, was mit diesem Phantome vorgeht, ist Traumgesicht für den schlafenden wirklichen Faust: dieser erwacht, da schon die Teufel sich schamvoll und wütend entfernt haben, und dankt der Vorsehung für die Warnung, die sie durch einen so lehrreichen Traum ihm hat geben wollen. Er ist jetzt fester in Wahrheit und Tugend, als jemals.«

Ob Goethe diese Auffassung Lessings – das Traumgesicht – bekannt war oder nicht, auf jeden Fall entspricht ihr, sorgfältig verdeckt, seine Faust-Tragödie.

Es ist aber nicht einmal nötig, zu meinen, Goethe

habe Lessings Faust-Modell gekannt und angenommen: Ein anderes Modell liegt noch näher, Shakespeares *A Midsummer-Night's Dream*, ein seltsames Geflecht von Schlaf und Wachsein, von Traum, Komödie, Feenmärchen und Zauber, von nördlicher und südlicher Legende. Titania, *Queen of the Fairies*, schläft im Wald ein, wacht auf, um sich in einen groben Weber zu verlieben, der verhext wurde und den Kopf eines Esels hat... Sie schläft wieder ein, wacht wieder auf... war es ein Traum? »Ich meinte, ich sei in einen Esel verliebt.«

Goethe selbst hat auf die Verwandtschaft diskret hingewiesen. Mitten in der Walpurgisnacht steht ein Intermezzo unter dem Titel *Walpurgisnachtstraum oder Oberons und Titanias Goldne Hochzeit, Intermezzo*, ein einzigartiges Gemisch von Lyrisch-Musikalischem und Epigrammatisch-Satirischem, ohne irgendeinen einleuchtenden Zusammenhang zur Faust-Tragödie; so sehr, daß die Goethe-Forscher das Intermezzo als ein fast zufälliges Einschiebsel betrachtet haben. Erich Trunz meint dazu: »Bei Goethe war anscheinend mehr der Wunsch, das kleine Werk irgendwo unterzubringen, maßgebend, als das Gefühl innerer Zugehörigkeit zu *Faust*.«

Man kann aber der Meinung sein, gerade dieses Fehlen an Zugehörigkeit sei ein Wink Goethes gewesen (denn daß er »ein kleines Werk« partout »irgendwo unterbringen« wollte, sei es mitten in seinem großen Werk, ist kaum glaubwürdig), um auf ... etwas hinzuweisen.

An Schiller, der trotz Goethes Angebot den Text

in seinem Musenalmanach nicht aufnahm, schreibt
er am 20. Dezember 1797: »Oberons goldene Hochzeit haben Sie mit gutem Bedachte weggelassen.
[…] Ich sollte meinen, im Faust müßte sie am
besten ihren Platz finden.«

Ein Hinweis, der übrigens von Goethes Zeitgenossen hätte verstanden werden sollen: Wielands
Oberon hatte das Thema von Shakespeares *Sommer-
nachtstraum* populär gemacht. Auch die um 1800
beliebte Operette Wranitzkys *Oberon, König der Elfen*
trug dazu bei.

Ein Hinweis auf die Rolle, die in einem Schauspiel Schlaf und Traum einnehmen können. Von
dieser Erkenntnis ausgehend läßt sich aber die
Struktur des *Faust* ganz anders als üblich interpretieren.

In einer Notiz zum *Faust* (dem Zweiten) vom 17.
Dezember 1826 steht in einem Entwurf zur Ankün-
digung von »Helena, klassisch-romantische Phan-
tasmagorie, Zwischenspiel zu Faust«, die sich auf
das Puppenspiel ausdrücklich beruft, der Satz:
»Faust, aus einer schweren, langen Schlafsucht,
während welcher seine Träume sich vor den Augen
des Zuschauers sichtbar umständlich begeben, ins
Leben zurückgerufen, tritt exaltiert hervor«, usw.

Schlaf, Traum, Halbwachsein spielen in den
beiden Faust-Tragödien eine Rolle von großer Bedeutung.

Die Tragödie fängt im normalen, wachen Zustand
an. Der »alte« Professor Dr. Faust – damals war

man mit vierzig Jahren ein Greis – philosophiert in seinem Arbeitszimmer, denkt an Selbstmord, geht dann vor dem Stadttor auf und ab.

FAUST:
> Siehst du den schwarzen Hund durch Saat und
> Stoppel streifen?

WAGNER:
> Ich sah ihn lange schon, nicht wichtig schien er mir.

FAUST:
> Betracht' ihn recht! für was hältst du das Tier?

WAGNER:
> Für einen Pudel, der auf seine Weise
> Sich auf der Spur des Herren plagt.

FAUST:
> Bemerkst du, wie in weitem Schneckenkreise
> Er um uns her und immer näher jagt?
> Und irr' ich nicht, so zieht ein Feuerstrudel
> Auf seinen Pfaden hinterdrein.

WAGNER:
> Ich sehe nichts als einen schwarzen Pudel.

Der eingefleischte Rationalist Wagner – ein Kant-Schiller-Typ – sieht da nichts als eben einen schwarzen Pudel: was sonst? Er sieht nur das, was er zu sehen erwartet; aus ihm wird nie ein Forscher werden. Faust dagegen... ja, was sieht denn Faust, das seinem Famulus entgeht? Ist er ein Geister-seher? Keineswegs. Er beobachtet nichts Magisches, nichts Teuflisches, sondern ein Naturphänomen, und zwar ein optisches: »irr' ich nicht, so zieht ein Feuerstrudel / Auf seinen Pfaden hinterdrein.« Daß dies mit Goethes Farbenlehre zu tun hat, wird von

Goethe selbst bestätigt. Übrigens hat er im Faust I
schon etwas früher (V. 911) auf dieselbe hingewiesen: »Aber die Sonne duldet kein Weißes.«

In den *Nachträgen zur Farbenlehre* schreibt Goethe
von »physiologen Farben«, d. h. von Farben, die
physiologisch, also subjektiv, vom Subjekt und nur
von ihm, vernommen werden, ohne daß sie einem
physikalischen Phänomen entsprächen. Er erwähnt
die eben zitierte Stelle aus der Faust-Tragödie.

»Ein dunkler Gegenstand, sobald er sich entfernt, hinterläßt dem Auge die Nötigung, dieselbe
Form hell zu sehen. In Scherz und Ernst führen wir
eine Stelle aus *Faust* an, welche hierher bezüglich
ist. Faust und Wagner, auf dem Felde gegen Abend
spazierend, bemerken einen Pudel [Hier die ganze
Stelle]. Vorstehendes war schon lange, aus dichteri-
scher Ahnung und nur im halben Bewußtsein,
geschrieben, als bei gemäßigtem Licht vor meinem
Fenster auf der Straße ein schwarzer Pudel vorbei-
lief, der einen hellen Lichtschein nach sich zog, das
undeutliche, im Zuge gebliebene Bild seiner vor-
übereilenden Gestalt.« Also die poetische Intuition
eines optischen Phänomens. Wagner »sieht« nichts,
ganz im Gegenteil, er meint, Faust erliege einer
Illusion: »Es mag bei Euch wohl Augentäuschung
sein.«

Der nach Hause zurückgekehrte Faust setzt sich
an seinen Tisch, ganz nah am Kachelofen, und
unternimmt – als Zeitgenosse Luthers – eine Übersetzung des Johannes-Evangeliums. Der Pudel, der
ihm gefolgt ist, rennt hin und her, knurrt und

bellt… Doch (dies meine Interpretation) schläft Faust am Ofen ein und träumt.

Der Pudel »schwillt wie ein Elefant«, »will zum Nebel zerfließen«, und entpuppt sich als Mephistopheles: »das also war des Pudels Kern!«

Im Traum spaltet sich die Person. Der innere Konflikt wird zu einem Schauspiel zu zweit. Es entsteht das, was der Bostoner Psychiater und Psychotherapeut Morton Prince (*The Dissociation of a Personality*, London 1913), der Hugo von Hofmannsthal zur Andreas-Novelle inspirierte, *dissociated state* nennt, den abgespaltenen seelischen Zustand seiner Patientin. Zur gleichen Zeit zerlegt Freud das angebliche Individuum in verschiedene »psychische Provinzen oder Instanzen«: Ich und Es, Ich und Über-Ich. Sigmund Freud meinte, daß »bei einem guten Träumer und nicht allzu abnormen Menschen die Selbstanalyse mit Hilfe der Traumdeutung genügen kann«. Goethe wird ein guter Träumer, ein nicht allzu abnormer Mensch und ein hervorragender Selbstanalytiker gewesen sein. Sein *Faust* ist eine Psychoanalyse und gehörte eigentlich in Sigmund Freuds Traumdeutungen.

Faust ist im Lehnstuhl am Kachelofen eingeschlafen und träumt. Er weiß, daß er schläft und träumt. Mephisto (V. 1506): »Er schläft!« und (V. 1525): »Nun, Fauste, träume fort, bis wir uns wiedersehn.«

Alles, was danach kommt, bis zur letzten Szene, ist ein Traum oder eine Folge von Träumen des Titelhelden.

-

Bis zur letzten Szene: Das Träumen hat im unbequemen Lehnstuhl die ganze Nacht hindurch sich hingezogen, bis der Tag graut und der Ofen kalt geworden ist. Ein Grauen ergreift den allmählich erwachenden Träumer: »Der Tag graut!«; »Heinrich! Mir graut's vor dir.« Die Stimme, verhallend: »Heinrich! Heinrich!« Mephisto und Faust verschwinden.

Um es mit den Worten Freuds zu sagen: Es hat sich das Träumen Fausts von Wunscherfüllungsträumen zu Strafträumen entwickelt (*Die Traumdeutung*).

Zu den Wunscherfüllungsträumen würden Auerbachs Keller, die Hexenküche, die Gretchen-Episode als erotischer Traum gehören. Die Wende bilden die Szene am Brunnen, der Tod Valentins (»Du bist doch nun einmal eine Hur'«), die Szene am Dom.

Dann kommt die Walpurgisnacht: Faust, Mephistopheles und ein Irrlicht singen im Wechselgesang: »In die Traum- und Zaubersphäre / Sind wir, scheint es, eingegangen.« (V. 3871 f.); dann, wie eine dritte russische Puppe in der zweiten eingebettet, ein Traum im Traum im Traum: der Walpurgisnacht*straum* als lyrisches Intermezzo, »Maskeraden-Spott« (V. 4267).

Dann – aber viel kürzer, so tragisch, daß Goethe es nie vermochte, die Szene »Trüber Tag, Feld« in Reime zu bringen – der Straftraum. In der letzten Szene, Faust an das in Fesseln liegende Gretchen: »Du wirst die Wächter aus dem Schlafe schreien! [. . .] Komm! komm! schon weicht die tiefe Nacht.«

Margarete: »Gib deine Hand! Es ist kein Traum! Deine liebe Hand!« Margarete, an die Mutter denkend, die sie mit einem Schlafmittel vergiftete: »Da sitzt meine Mutter auf einem Stein [. . .] / Sie winkt nicht, sie nickt nicht, der Kopf ist ihr schwer, / Sie schlief so lange, sie wacht nicht mehr. / Sie schlief, damit wir uns freuten.«

Hier wacht Faust allmählich auf.

Um die Traumstruktur der ganzen Tragödie sinnfällig zu machen, hätte genügt, daß Goethe hier, am Schluß, die vier Zeilen gesetzt hätte, die am Ende der ersten Studierzimmerszene stehen:

FAUST erwachend:
> Bin ich denn abermals betrogen?
> Verschwindet so der geisterreiche Drang,
> Daß mir ein Traum den Teufel vorgelogen,
> Und daß ein Pudel mir entsprang?

Aber der Wink mit dem Zaunpfahl gehört nicht zu Goethes Art von Spielen: beim von ihm so gern gespielten Versteckspiel verlegt er den Schlüssel da, wo man ihn nicht vermutet hätte, mitten auf dem Tisch. Er war von Anfang an da, und man ging an ihm mit geschlossenen Augen vorbei...

Goethes schönstes Spiel: das Spielen mit dem »offenen Geheimnis«.

György Dalos

Ungarn in der Nußschale